Kerstin Kuppig
Neue Ideenkiste Religion

Für Schule und Gemeinde

Kerstin Kuppig

Neue Ideenkiste Religion

Herder

Freiburg · Basel · Wien

Alle Rechte vorbehalten - Printed in Germany

© Verlag Herder Freiburg im Breisgau 2000

Umschlaggestaltung: Finken & Bumiller, Stuttgart

unter Verwendung eines Bildmotivs von

Karin Schliehe, Collage

Herstellung: Freiburger Graphische Betriebe

Gedruckt auf umweltfreundlichem,

chlorfrei gebleichtem Papier

ISBN 3-451-27217-2

Inhalt

Vorwort

A: Themenunabhängige Ideen

1A: Einsteigen
13 Schnellseher
13 Stolpersteine
14 Kraft tanken
15 Karussell
15 Guckloch
16 Morgengebet
16 Meinungswürfel
17 Stimmungsbarometer
18 Eckengespräch
18 Eckenwandern

2A: Erarbeiten
19 Gedichte schreiben

3A: Erinnern
20 Aufrollen
20 Dichterwerkstatt
21 Bewegte Fragen
22 Zehnerleiste
22 Dingsbums
23 Wortneuschöpfung
23 Was weißt du?
24 Mosaiksteine
24 Bingo-Bingo
25 Würfelbilanz

25 Stilldenker
26 Begriffe würfeln
26 Malgespräch
27 Themenkarten
28 Wortsalat
29 Ballrollen
29 Rückblick
30 Pinnwand
30 Tagebuch
31 Dreiergeschichte
31 Werbeclip
32 Hand und Fuß

1A/2A
33 Eindeutig mehrdeutig
33 Junges Gemüse – alte Hasen
34 Mosaikboden
34 Eigenbau
35 Open-end-Sätze

1A/3A
35 Geheimpost
36 Buchstabenquiz
36 Paarinterview
37 Dingsda

2A/3A
37 Nachrichtensendung
38 Lottoschein
38 Ich bin
39 Playback

1A/2A/3A

39 Pfeifenputzer

40 Meinungsbild

40 Daumenabstimmung

41 Tante-Emma-Laden

41 Ampelspiel

42 Bildhauerspiel

42 Gedankenspiel

43 Aller Anfang ist gleich

B: Themenbezogene Ideen

1B: Einsteigen

47 Blind schreiben (Blind sein)

47 Malaktion (Blind sein)

48 Anzeigen (Geburt)

48 Zielwandern (Ziele/Wege)

49 Pinnwort (bibl. Geschichten)

50 Bittgang (Gemeinschaft/Hilfe)

51 Skala (Wie geht es mir?/ Ankommen)

51 Ballonspiel (Gemeinschaft)

52 Laufspiel (Hilfe)

53 Plopp (Begriffe raten)

54 Konzentrische Kreise (Partnerschaft/Freundschaft)

54 Übersetzungsspiel (Symbole, Zeichen, Gefühle)

55 Wer bist du? (Jakob und Esau)

56 Begrüßen (Wünsche)

56 Wirrwarr (Turmbau zu Babel)

57 Spirale (Psalmen)

2B: Erarbeiten

57 Wo steht was? (Bibel)

58 Lebenslinie (Lebensweg/Tod)

59 Kuchenstück (Helfen/Teilen)

59 Coole Sprüche (Soziales Lernen)

60 Positionspapier (Josef)

60 Papierberg (Kritik)

61 Geschenkpaket (Der Mensch – ein Geschenk Gottes)

61 Metamorphose (Jakob)

62 Gedankenspiel (Josef)

63 Brüderschaft (Jakob)

64 Gutschein (Zeit)

64 Plakatwand (Kirche)

65 Auf die Palme (Streit/Kritik)

66 Blume (Dank)

66 Hand (Hände/Gemeinschaft)

3B: Erinnern

67 Telegramm (Mose)

68 Bist du du und bin ich ich? (Personen)

68 Umschreibung (bibl. Geschichten)

69 Selbstgespräch (bibl. Personen)

69 Silbenrätsel (Martin Luther)

70 Schreibgespräch (bibl. Personen)

71 ABC-Spiel (Personen der Weltreligionen)

71 Dreiersingen *(Lieder)*

72 Übersetzung
(bibl. Geschichten)

72 Telegramm
*(bibl. Geschichten/
ethische Themen)*

73 Kreuzworträtsel *(Islam)*

74 Personenbeschreibung
(bibl. Personen)

1B/2B

74 Gemalte Assoziationen
(Begriffe/Symbole)

75 Klecksbilder
(Phantasie/Kreativität)

75 Traumteppich
(Gefühle/Träume)

76 Kummerkasten
(Sorgen/Nöte/Probleme)

77 Wer bin ich? *(Ich, Selbst- und
Fremdwahrnehmung)*

78 Brief schreiben
(Gott/Beten/Psalmen)

79 Bewegte Gefühle
(Gefühle ausdrücken)

79 Partnerwahl
(Freundschaft/Partnerschaft)

80 Denkste *(Streit/
Ich und die anderen/Selbst-
und Fremdwahrhrnehmung/
Freundschaft/Partnerschaft)*

81 Mimik weitergeben
*(Selbst- und Fremdwahr-
nehmung/Gefühle)*

81 Klopfgeist *(bibl. Begriffe)*

82 Sprichwörter raten
(Sprichwörter/Psalmen)

82 Gute Worte – Gute Taten
(Ich/Du/Gefühle)

83 Ist da wer?
*(Ich und die anderen/Selbst- und
Fremdwahrnehmung)*

84 Behauptung *(Selbst- und
Fremdwahrnehmung)*

84 Bewegtes Standbild
(Schuld/Vergebung)

85 Gefühlsmensch *(Gefühle)*

86 Stellungnahme
(Lob und Tadel)

86 Zuordnungsspiel
(Ich und die anderen)

87 Collage
(Der Weg des eigenen Lebens)

88 Mitspielen *(bibl. Geschichten)*

2B/3B

89 Du hast mich durchschaut
*(Ich und die anderen/Freund-
schaft/Selbst- und Fremd-
wahrnehmung)*

90 Heiratsannonce *(Jesus)*

90 Stellenangebot *(Jesus)*

91 Flohmarkt *(Schöpfung)*

92 Streifengeschichte
(bibl. Geschichten)

92 Fingerspiel
(bibl. Geschichten)

93 Memory *(Weltreligionen)*

94 Mogelpackung
(kirchliche Feste)

95 Guiness Buch der Rekorde
   (Bibel)

95 Pantomime *(Worte Jesu)*

96 Buchstabenwahl
   (Begriffe/Bartimäus)

96 Druckerei *(bibl. Geschichten)*

97 Tagesprotokoll *(David)*

97 Aus alt mach neu *(Vater unser)*

98 Dialog schreiben
   (bibl. Geschichten)

98 Jahr 2000 *(bibl. Geschichten)*

99 Echt cool *(bibl. Geschichten)*

1B/2B/3B

99 Vergegenständlichung
   (Freundschaft/Partnerschaft)

100 Jesusstraße

100 Ballspiel *(Freude bereiten)*

101 Reisespiel *(Noah)*

101 Wortneuschöpfungen
   (Begriffe der Bibel)

102 Richtig oder falsch
   (bibl. Geschichten)

102 Aller guten Dinge sind drei
   (1.Korinther 13,13)

103 **Checkliste**

Vorwort

Nachdem etliche Gruppenleiter in die Ideenkiste I Religion gegriffen haben und viele Ideen ihre praktische Umsetzung in den verschiedenen Gruppensituationen gefunden haben, soll es nun eine Fortsetzung des Ideenschatzes in der Ideenkiste II Religion geben.

Auch diesmal geht es wieder darum, praktikable Anregungen, Tipps und Ideen vorzustellen, mit Hilfe derer Unterrichts- und Gruppenstunden abwechslungsreich, motivierend und spannend gestaltet werden können. Mut zum Ausprobieren sowie kreative Veränderungen und Abwandlungen der vorgestellten Ideen werden dabei vorausgesetzt.

An Bekanntes wird angeknüpft und erinnert, Vergessenes aufgegriffen, variiert, verändert oder in neuer Form zusammengestellt. Genauso kann auch mit den vorgestellten Methoden verfahren werden.

Eine Dreigliederung des Unterrichts bzw. der Gruppenstunden bildet die Gliederungsgrundlage der vorgestellten Ideen: Einsteigen, Erarbeiten, Erinnern.

1 Am Anfang der Beschäftigung mit einem Thema muss es benannt und strukturiert werden. Vorerfahrungen und Vorwissen können für die weitere Planung gesammelt werden. Zugänge zum Thema müssen geschaffen werden.

2 Die Auseinandersetzung mit neuen Inhalten, Informationen oder Theorien verlangt eine intensive Durchdringung des Themas. Unterschiedliche Formen der inhaltlichen Auseinandersetzung in Einzel- bzw. Gruppenarbeit werden angeboten.

3 Am Ende einer thematischen Einheit stehen Sequenzen der Wiederholung, der Festigung und der Erinnerung. Was haben wir gelernt oder an Erkenntnis dazugewonnen?

Die hier vorgestellten Ideen sollen herausreißen aus dem üblichen Trott der bloßen Zielnennung »Wir sprechen heute über…« und der Frage: »Was habt ihr von dem Thema behalten?«

Sie sollen Anregungen zu einem erfahrungsorientierten, sozialen und emotionalen Lernen in Gruppen sein, für eine abwechslungsreiche Gestaltung der Gruppenstunden sorgen, Langeweile bekämpfen und neue Freiräume schaffen.

Wie schon im ersten Band gliedern sich die Vorschläge in zwei Blöcke. Im ersten Block werden Methoden angeboten, die themenunabhängig sind. Damit sind sie auf verschiedene Themengebiete und auch auf verschiedene Fächer übertragbar.

Im zweiten Block werden themenbezogene Anregungen vorgestellt.

Alle Ideen beziehen sich auf die drei Bereiche Einsteigen, Erarbeiten, Erinnern:

Damit leicht erkennbar ist, zu welchem Block (A oder B) und zu welchem Bereich (1= Einsteigen, 2= Erarbeiten, 3= Erinnern) die einzelnen Ideen gehören, wurden die Kurzüberschriften mit den entsprechenden Nummern und Buchstaben ergänzt (1A/2A…).

Jede Methode wird mit ihrem Namen, der Zuordnung zu einer oder mehreren Lernphasen, dem benötigten Material und einer Beschreibung der Durchführung vorgestellt. Auf Altersangaben wurde bewusst verzichtet. Jeder Gruppenleiter sollte anhand seiner Kenntnisse über die einzelne Gruppe selbst entscheiden und individuelle Bedürfnisse und Besonderheiten berücksichtigen. Die Dauer bei der Durchführung der einzelnen Ideen ist sowohl von der Gruppenstärke als auch vom Interesse der Gruppe abhängig. Deshalb entfallen solche Angaben.

Greifen Sie also auch in die Ideenkiste II, verändern Sie kreativ das Vorgestellte und gestalten Sie Ihre tägliche Praxis dadurch ein wenig abwechslungsreicher.

A: Themenunabhängige Ideen

1A: Einsteigen
2A: Erarbeiten
3A: Erinnern

Material: Bildvorlage, Papier, Stifte

Durchführung: Die Teilnehmer teilen sich in Kleingruppen von ca. fünf Personen auf. Der Gruppenleiter zeigt den Teilnehmern für ca. zehn Sekunden ein Bild. Danach schreibt jeder auf, was er gesehen hat. Die Mitglieder einer Gruppe erstellen nun aus ihren Aufzeichnungen gemeinsam eine Liste. Zunächst erfolgt eine Auswertung: Welche Gruppe hat am meisten gesehen?
Im anschließenden Plenumsgespräch geht es um die folgenden Fragen:
Welche Einzelheiten wurden von keiner Gruppe wahrgenommen?
Was ist von den einzelnen Teilnehmern jeweils als erstes notiert worden?
Welche Details sind jeder Gruppe ins Auge gefallen?
Was ist das Markanteste am Bild?
Was wurde über die Farbgebung des Bildes beobachtet?
Welche innere Aufteilung hat das Bild?
Es erfolgt eine intensive Bildbetrachtung unter Berücksichtigung der oben genannten Fragen und der »schnellen« Beobachtungen.

Stolpersteine   1A

Material: ausreichende Anzahl Kieselsteine, Zettel, Stifte

Durchführung: Jeder Teilnehmer überlegt sich zu einen zu bearbeitenden Thema, wie er auf eine der folgenden Fragen antworten würde:
- Was (be-)hindert mich an der Auseinandersetzung mit dem Thema?
- Welche »große« Frage habe ich zum Thema?
- Welche Meinung zu dem Thema lässt mich vorbelastet an das Thema herangehen?
- Welche Vorurteile sind mir bekannt?
- Welche Ängste verbinde ich mit dem Thema?
- Wo empfinde ich innere Schranken in der Begegnung mit dem Thema?

Die Teilnehmer schreiben ihre »Stolpersteine« auf Zettel und legen sie neben bzw. halb unter einen Kieselstein. Die Stolpersteine werden in Form eines Weges durch den Gruppenraum gelegt. Alle Teilnehmer gehen an den Stolpersteinen vorbei und lesen die anonymen Aufzeichnungen der Gruppenmitglieder. Während der sich anschließenden Behandlung des Themas entscheiden die Teilnehmer dann, ob sie einen Stolperstein wegnehmen können oder ob er ihnen im wahrsten Sinne des Wortes immer noch »im Weg liegt«. Am Ende der thematischen Einheit wird der Frage nachgegangen, welche Stolpersteine warum geblieben sind.

Kraft tanken 1A

Material: Notizzettel, Stifte, Pinnwand

Durchführung: Jeder Teilnehmer beschriftet beliebig viele Zettel mit je einem für ihn positiv besetzten Begriff wie z.B. Gesundheit, Liebe, Mut, Zukunft, Freiheit usw. Anschließend werden alle Zettel an eine Wand geheftet. Bei einem Spaziergang vor der Wand sucht sich jeder Teilnehmer ein Wort aus, das ihn aufbauen könnte, ihm Kraft gibt. Mit dem gewählten Zettel zieht sich jeder Teilnehmer an einen ruhigen Platz im Raum zurück, wo er das Wort zunächst mal auf sich wirken lässt:

- Welche Gefühle und Wünsche löst das Wort bei mir aus?
- Welche Situationen erinnere ich dazu?
- Welche Bilder tauchen bei mir auf?
- Welche Träume und Hoffnungen verbinde ich mit dem Begriff?

Wer möchte, malt sein Wort oder er malt etwas zu seinem Wort.

Variante: Die Gruppe versucht, wie ein Bildhauer »lebendige« Denkmäler zu den einzelnen Begriffen zu erstellen.

Karussell

Material: je nach Aufgabenstellung verschieden

Durchführung: Die Teilnehmer stellen sich in einem Innen- und einem Außenkreis auf, so dass jedem Teilnehmer des Innenkreises ein Teilnehmer aus dem Außenkreis zugeordnet ist. Zunächst begrüßen die Partner einander. Dann müssen die jeweiligen Paare die vom Gruppenleiter gestellte Aufgabe bewältigen. Nach einer vorher festgesetzten Zeit verabschieden sich die Partner voneinander und gehen nach rechts weiter zu einem neuen Partner, mit dem sie gemeinsam die nächste Aufgabe bewältigen müssen.

In einem sich anschließenden Auswertungsgespräch berichten die Teilnehmer, wie sie die Erfüllung der verschiedenen Aufgaben mit den jeweils wechselnden Partnern erlebt haben.

Hinweis: Bei den gestellten Aufgaben kann es sich um Beobachtungsaufgaben, Experimente, Interviewfragen, kreative Gestaltungsaufgaben u.ä. handeln.

Guckloch

Material: Bildvorlage, Papier zum Abdecken, Kopiervorlagen, Buntstifte

Durchführung: Der Gruppenleiter zeigt von einem Bild/einem Foto nur einen Ausschnitt. Jeder Teilnehmer erhält dann eine Kopie dieses Ausschnittes mit einer Umrandung in Größe des Originalbildes. Die Teilnehmer malen nun das Bild nach eigenen Vorstellungen weiter. Die Bilder werden den anderen Gruppenmitgliedern vorgestellt, bevor die Bilder mit dem Original verglichen werden.

Variante: Ein Teil des Bildes wird mit einem schwarzen Papierstreifen abgedeckt. Die Teilnehmer müssen erraten, was verdeckt ist.

Morgengebet

Material: Textblätter, Bibeln

Durchführung: Die Teilnehmer erhalten vom Gruppenleiter vorbereitete Textblätter mit Gebeten, Psalmen, Liedern, oder sie einigen sich auf einen biblischen Text. Die Teilnehmer gehen dann auf ein gemeinsames Startzeichen hin langsam durch den Raum, wobei jeder für sich alleine laut seinen Text liest. Es entsteht ein lautes Gemurmel. Anschließend berichten die Teilnehmer über ihre Erfahrungen.

Variante 1: Die Teilnehmer gehen ebenfalls durch den Raum, einigen sich aber auf ein gemeinsames Lesetempo, so dass sie im Chor sprechen.

Variante 2: Die Teilnehmer einigen sich nicht nur auf das Lesetempo, sie gehen auch in geordneter Form und im gleichen Tempo durch den Raum.

Meinungswürfel

Material: Schaumstoffwürfel oder Pappwürfel, Papier, Klebstoff

Durchführung: Der Gruppenleiter hat verschiedene Meinungen, Vorurteile, Thesen zum anstehenden Thema aufgeschrieben und die Zettel auf einen Würfel geklebt. Die Teilnehmer stehen im Raum. Ein Teilnehmer beginnt zu würfeln. Der Teilnehmer liest die auf dem Würfel oben liegende Aussage vor und bezieht Stellung dazu, äußert seine persönliche Einstellung dazu oder begründet, warum diese Aussage für ihn zutrifft bzw. nicht zutrifft. Die Gruppe kann sich danach direkt zum Gesagten äußern. Erst danach würfelt ein anderer Teilnehmer weiter.

Variante 1: Ein Teilnehmer würfelt und bezieht Stellung. Reihum müssen nun auch die übrigen Teilnehmer sich zur gewürfelten Aussage äußern.

Variante 2: Der Meinungswürfel kann auch zu einem Wissenswürfel umfunktioniert werden. Der Gruppenleiter oder die Teilnehmer selbst schreiben dann »falsche« und »richtige« Aussagen zu einem behandelten Thema auf Zettel und bringen diese an mehreren Würfeln an. Der Teilnehmer, der eine Aussage gewürfelt hat, muss dann sagen, ob die Aussage »richtig« oder »falsch« ist.

Stimmungsbarometer   1A

Material: pro Themenschwerpunkt eine Zeichnung mit einem Thermometer, Karten mit den Themenschwerpunkten

Durchführung: Der Gruppenleiter hat bei einem zu behandelnden Thema verschiedene inhaltliche Schwerpunkte gesetzt, die er kurz erläutert. Dann legt er zu jeder Thermometerzeichnung die Karte, die den Schwerpunkt benennt. Jeder Teilnehmer zeichnet nun die Quecksilbersäule des Thermometers ein Stück weit farbig, wenn er diesen Schwerpunkt besprechen möchte. Bei starkem Interesse zeichnet er ein großes Stück der Skala farbig, bei geringerem Interesse ein kleines Stück. Besteht überhaupt kein Interesse, geht der Teilnehmer zum nächsten Thermometer weiter.
Die Schwerpunkte, deren Thermometer am höchsten gestiegen ist, werden in den folgenden Gruppenstunden besprochen.

Hinweis: Diese Übung hilft dem Gruppenleiter bei der Planung eines Themas und gewährleistet, dass die Interessen der Teilnehmer berücksichtigt werden.

Eckengespräch

Material: Plakate, Stifte

Durchführung: Der Gruppenleiter bereitet vier Plakate mit Aussagen in wörtlicher Rede zum behandelten Themenkreis vor. Die Plakate werden in den Ecken des Raumes aufgehängt. Jeder Teilnehmer geht nun in die Ecke, deren Aussage ihn anspricht oder provoziert. Mit den übrigen Teilnehmern, die in der gleichen Ecke stehen, wird nun über gemeinsame und unterschiedliche Empfindungen gesprochen. Nach einem vorher vereinbarten Zeitraum wird das Gespräch beendet.

Die Teilnehmer versuchen, den Plakattext mit Situationen aus dem eigenen Leben in Verbindung zu bringen.

Bei Bedarf erhalten die Teilnehmer Gelegenheit, auch noch in den anderen Ecken zu diskutieren.

In dem sich anschließenden Plenumsgespräch geben die Gruppen, die sich zur Diskussion zusammengefunden haben, den Inhalt ihres Gespräches wieder.

Eckenwandern

Material: Pappgesichter

Durchführung: An jeder Wand des Raumes hängt ein Pappgesicht, das ein bestimmtes Gefühl/eine Stimmung ausdrückt. Jeder Teilnehmer ordnet sich dem Gesicht zu, das seiner momentanen Stimmung am ehesten entspricht. Die Teilnehmer erklären, warum sie sich bei einem bestimmten Gesicht eingefunden haben: »Ich bin heute zerknirscht, weil...«

Variante: Der Gruppenleiter stellt verschiedene Fragen oder Situationen in den Raum. Wieder ordnen sich die Teilnehmer entsprechend ihrer persönlichen Stimmungslage oder Einschätzung zu. Diesmal wird aber die Wahl der Ecke nicht begründet. Die Teilnehmer nehmen nur wahr, wie vielen Teilnehmern es ähnlich geht.

Beispiele:

- Wenn ich an die bevorstehenden Ferien denke, geht es mir...
- Das nächste Mal werden wir in der Gruppenstunde Folgendes machen...
- Ich kann an der nächsten Gruppenstunde nicht teilnehmen. Das finde ich...
- Wenn ich merke, dass jemand einem anderen Unrecht tut....

Es können auch von den Teilnehmern selbst Aussagen gemacht werden, zu denen sich die übrigen Gruppenmitglieder einem Gesicht zuordnen sollen.

Gedichte schreiben   2A

Material: Papier, Stifte, evtl. Textvorlagen

Durchführung: Um sich mit einem Thema intensiver zu befassen, werden die Teilnehmer aufgefordert, inhaltliche Aspekte des Themas in ein Gedicht zu fassen. Handelt es sich um eine biblische Geschichte, die als Gedicht dargeboten werden soll, können Textvorlagen mit der gesamten Geschichte hilfreich sein.

Zunächst machen sich die Teilnehmer Notizen mit den wichtigsten Stichworten, die sie im Gedicht verwenden wollen, bringen diese dann in eine Reihenfolge und erst danach beginnen sie mit dem Reimen.

Beispiel: Thema »Aids«
Auf einmal bedeutet positiv was total Negatives für mich –
aber natürlich auch für dich.
Ich weiß noch nicht, wie ich es kann sagen,
wann ich den Mut haben werde, es zu wagen.
Klar, du musst die Wahrheit wissen,
siehst meine Tränen in den Kissen.
Spürst die Krankheit in meinem Gesicht –

verdammt: Ich liebe dich!
Fragen woher, warum und wieso,
machen uns jetzt auch nicht mehr froh.
Aids, so sagen sie, heißt ab in den Sarg,
wo ich doch so das Leben mag.
Wie viel Zeit wird mir noch bleiben?
Hilfst du mir, die quälenden Gedanken zu vertreiben?
Quatsch – ich muß dich freigeben
fürs nächste Leben.

Aufrollen 3A

Material: Wollfäden, Metermaß, Schere

Durchführung: Jeweils zwei Teilnehmer stehen sich gegenüber. Jeder hält das Ende eines ca. 1,5 m langen Wollfadens in der Hand. Der Gruppenleiter stellt nun beiden Partnern gleichzeitig Wissensfragen zum behandelten Themengebiet. Derjenige, der zuerst bzw. richtig antwortet, darf sich den Wollfaden einmal um die Hand wickeln. Bei jeder beantworteten Frage wird eine Handumdrehung Wolle aufgerollt. Wenn sich die Hände beider Teilnehmer berühren, schneidet der Gruppenleiter den Faden zwischen den Händen beider Teilnehmer durch. Mit Hilfe eines Metermaßes wird gemessen, wessen Wollfaden länger ist.

Dichterwerkstatt 3A

Material: Papier, Stifte

Durchführung: Zum besprochenen Thema schreibt jeder Teilnehmer ein Substantiv auf ein Blatt. Reihum liest jeder sein Wort vor, und die übrigen Teilnehmer ergänzen das Wort auf ihrem Blatt. Die Gruppe sollte vorher entscheiden, ob sie Doppelnennungen mit aufnimmt oder nicht. Aus den vorgelesenen Wörtern soll dann jeder Teilnehmer ein Gedicht zum Thema machen.

Hinweis: Bei großer Gruppenstärke sollte sich die Gruppe vor der Übung noch mal in Kleingruppen unterteilen.

Bewegte Fragen   3A

Material: Karteikarten, Stifte

Durchführung: Die Teilnehmer oder der Gruppenleiter schreiben bereits während der Behandlung eines Themas Fragen und die dazugehörigen Antworten auf vorbereitete Karten. Die Fragen werden auf dem Tisch des Gruppenleiters gesammelt. Die Antwortkarten liegen auf den verschiedenen Tischen der Teilnehmer.

Alle Teilnehmer stehen hintereinander. Jeder nimmt sich eine Fragekarte vom Tisch des Gruppenleiters, überlegt sich die Antwort und sucht die entsprechende Antwortkarte dann auf dem Tisch der Teilnehmer. Hat er die richtige Antwortkarte gefunden, legt er die Fragekarte zur Antwortkarte.

Der Gruppenleiter bewegt sich im Raum und achtet darauf, dass falsch abgelegte Karten wieder zurück auf den Fragentisch kommen. Hat ein Teilnehmer seine Karte abgelegt, nimmt er sich eine weitere Fragekarte.

Hinweis: Positiver Nebeneffekt dieser Übung ist, dass alle an der Übung beteiligt sind und sich bewegen müssen. Schwieriger wird die Übung, wenn die Fragekarten nicht nur zu einem einzigen Themenkreis gehören, sondern aus verschiedenen Bereichen zusammengestellt sind.

Zehnerleiste

Material: Kopiervorlagen, Stifte

Durchführung: Der Gruppenleiter teilt Kopiervorlagen mit einem breiten Streifen, der in zehn Felder unterteilt ist, aus. Jeder Teilnehmer trägt pro Feld einen Kernbegriff aus dem behandelten Themengebiet ein.

Der Gruppenleiter stellt nun Fragen zum Thema. Findet der Teilnehmer die Antwort bzw. den Kernbegriff zur gestellten Frage auf seinem Streifen, darf er das Feld ankreuzen. Wer zuerst alle Felder durchgestrichen hat, hat gewonnen.

Dingsbums

Material: Verpackungsmaterial, Gegenstände je nach Thema

Durchführung: Der Gruppenleiter verpackt einen Gegenstand, der etwas mit dem Thema zu tun hat, und legt ihn zu Beginn der Gruppenstunde in die Raummitte. Das Geheimnis über den Inhalt wird allerdings noch nicht gelüftet. Der Gruppenleiter gibt lediglich den Hinweis: Das »Dingsbums« hat etwas mit dem heutigen Thema zu tun. Am Ende der Gruppenstunde wird dieser Hinweis erneut gegeben. Die Teilnehmer wiederholen beim Erraten des Dingsbums wesentliche Inhalte und thematische Schwerpunkte. Wer den Gegenstand erraten hat, darf ihn auch auspacken.

Hinweis: Diese Übung erhöht die Motivation der Teilnehmer. Zusätzlich kann der Gruppenleiter beiläufig überprüfen, wie viel die Teilnehmer behalten haben.

Wortneuschöpfung 3A

Material: Buchstabenkarten, pro Kleingruppe ein Kartensatz

Durchführung: Der Gruppenleiter sucht einen Begriff aus dem behandelten Themenfeld aus und zerlegt ihn in Einzelbuchstaben, die er auf Karteikarten schreibt. Pro Kleingruppe hat er einen solchen Kartensatz vorbereitet. Aufgabe der Kleingruppen ist es nun, mit Hilfe der Buchstaben möglichst viele neue Wörter zu legen. Die Kleingruppe, die die meisten Worte gefunden hat, hat gewonnen.

Beispiel: Frieden
nein, Ei, dir, Diener, Feier, Erde, Eid, rein, Feder, frei, Neid, Feind, Rede, ein, den, die, nie, Ende, Fee, der, reif, nieder, Dirne, einer, eine, dein, deine, deiner, fein usw.

Hinweis: Es gelten nur Wörter, die es auch tatsächlich in unserem Sprachgebrauch gibt, keine Phantasiewörter.

Was weißt du? 3A

Material: Softball

Durchführung: Die Teilnehmer stehen im Kreis. Einer beginnt, etwas zu dem zuvor besprochenen Thema zu sagen. Das kann ein Wort oder ein oder mehrere Sätze sein. Dann wirft er den Ball einem anderen Teilnehmer mit den Worten »Und was weißt du?« zu. Der Ball wird solange weiter geworfen, bis niemand in der Gruppe mehr etwas zu ergänzen hat.

Hinweis: Dieses Spiel kann ebenso als Kennenlernspiel abgewandelt werden: »Ich heiße Benedikt, und wie heißt du?« Je nach Bedarf kann auch hier der einzelne Teilnehmer außer seinem Namen noch einige Bemerkungen zu seiner Person machen.

Mosaiksteine

Material: je ein Satz Wortkarten pro Kleingruppe, Farbstifte, Plakatkarton, Klebstoff

Durchführung: Der Gruppenleiter wählt aus dem behandelten Stoffgebiet Kernbegriffe aus und schreibt diese auf Karteikarten. Jede Gruppe erhält einen kompletten Satz mit diesen Wortkarten. Die Karten sollen nun von den jeweiligen Kleingruppen in einem »sinnvollen« Zusammenhang abgelegt und anschließend aufgeklebt werden. Wer möchte, hebt innere Zusammenhänge und Bezüge zusätzlich farbig hervor. Die einzelnen Gruppen präsentieren ihr »Mosaik« und erläutern die gewählten Positionen; Unterschiede und Gemeinsamkeiten werden besprochen.

Bingo-Bingo

Material: Fragenkatalog bzw. Papierstreifen mit Fragen, Antwortblätter, Stifte

Durchführung: Der Gruppenleiter bereitet zum behandelten Thema einen Katalog mit Fragen vor. Die Fragen werden einzeln auf vorbereitete Papierstreifen geschrieben. Außerdem bereitet er pro Teilnehmer ein Antwortblatt vor. Auf diesen Antwortblättern sind ca. 8 mögliche Antworten zu den gestellten Fragen notiert. Jeder Teilnehmer erhält aber ein Antwortblatt mit unterschiedlichen Antwortkombinationen.

Jeweils ein Teilnehmer darf nun einen Papierstreifen mit einer Frage ziehen. Der Gruppenleiter liest die Frage dann für alle laut vor. Wer die zur Frage passende Antwort auf seinem Blatt findet, kreist die Lösung ein. Wer zuerst fünf Antworten einkreisen konnte, ruft »Bingo«. Vorausgesetzt er hat fünf richtige Antworten gegeben, hat er dann gewonnen.

Würfelbilanz

Material: Pappwürfel

Durchführung: Die Seiten eines gebastelten Pappwürfels werden mit folgenden Aufgaben beschriftet:

1 Stelle jemandem aus der Gruppe eine Frage zum Thema!
2 Male etwas zu diesem Thema an die Tafel bzw. auf ein Plakat!
3 Stelle etwas aus dem Themenbereich alleine oder mit anderen körperlich/pantomimisch/gestisch dar!
4 Wie wirst du zukünftig mit deinem Wissen über das Thema umgehen?
5 Was wäre, wenn es dieses Thema überhaupt nicht gäbe?
6 Was sollten alle Menschen über dieses Thema wissen?

Die Teilnehmer würfeln reihum und beantworten die gewürfelte Frage. Die übrigen Teilnehmer dürfen nach Erläuterungen fragen.

Hinweis: Werden mehrere Würfel vorbereitet, kann mit dieser Übung auch in Kleingruppen das Erarbeitete wiederholt werden. Sind die einzelnen Würfel mit unterschiedlichen Aufgabenstellungen versehen, empfiehlt es sich, die Würfel nach einer gewissen Zeit zu tauschen.

Stilldenker

Material: Stimmgabel oder Triangel, Papier, Stifte

Durchführung: Der Gruppenleiter nennt einen Begriff und gibt dann ein akustisches Signal. Solange die Teilnehmer den Klang hören, können sie alles aufschreiben, was ihnen zu dem genannten Begriff oder Thema einfällt. Ist der Ton verhallt, werden die Ergebnisse zusammengetragen.

Variante: Das akustische Signal kann einer Gruppe auch dazu helfen, still einen Stuhlkreis zu bilden. Der Gruppenleiter schlägt dann die Triangel an und flüstert den Namen eines Teilnehmers. Dieser soll so leise in den Sitzkreis kommen, dass man den Klang der Triangel oder Stimmgabel noch hören kann. Außerdem sollte der Teilnehmer bereits im Kreis sitzen, wenn der Ton verstummt ist.

Begriffe würfeln 3A

Material: zwei Spielwürfel, Plakatkarton

Durchführung: Auf ein Plakat malt der Gruppenleiter passend zum Thema den Umriss eines Menschen, eines Tieres, einer Pflanze oder eines Gegenstandes. In die Zeichnung werden 11 Begriffe zu dem behandelten Thema geschrieben. Jedem Begriff wird eine Zahl von 2-12 zugeordnet. Die Teilnehmer sitzen im Kreis um das Plakat herum. Gewürfelt wird mit beiden Würfeln. Die Augenzahlen werden addiert. Der Teilnehmer, der gewürfelt hat, sucht den zur Ergebniszahl gehörenden Begriff und erzählt dazu. Es sollte darauf geachtet werden, dass sich bestimmte Zahlen nicht zu oft wiederholen. Stattdessen sollte lieber noch einmal gewürfelt werden.

Malgespräch 3A

Material: Papier, Stifte

Durchführung: Jeweils zwei Gruppenmitglieder tun sich als Paar zusammen. Sie sitzen einander gegenüber. Zwischen ihnen liegt ein großes Blatt Papier. Jeder der beiden Partner hat einen andersfarbigen Stift zur Verfügung. Abwechselnd malt nun jeder etwas zum Thema. Einer der beiden beginnt. Legt er seinen Stift zur Seite, kann der Partner etwas anderes zum Thema dazu malen oder das Bild des anderen ergänzen. Während der gesamten Malphase darf nicht gesprochen werden. Die Farben machen deutlich, wer was gemalt hat.

Anschließend werden alle Bilder im Gruppenraum ausgehängt, so dass jeder sie anschauen kann. Danach wird das erste Bild besprochen. Außer den beiden Künstlern können sich alle Teilnehmer zum Bild äußern; diese werden erst im Anschluss über ihre Erfahrungen beim Malen und das so entstandene Bild befragt.

Hinweis: Es sollte vorher mit der Gruppe abgesprochen werden, wie viel Zeit zum Malen zur Verfügung steht.

Themenkarten   3A

Material: Fragekärtchen, Namenskärtchen

Durchführung: Der Gruppenleiter hat Fragekärtchen (Beispiele siehe unten) zum Thema vorbereitet. Ein Teilnehmer zieht zunächst ein Fragekärtchen, liest die Frage laut vor und zieht dann ein Namenskärtchen. Der Teilnehmer, dessen Name gezogen wurde, beantwortet die Frage. Anschließend zieht er seinerseits eine Frage- und eine Namenskarte. Kann der Betreffende die Frage nicht beantworten, wird eine neue Namenskarte gezogen und seine Karte kommt zurück in den Stapel.

Hinweis: Es sollte bei den Fragen nicht um Auswendiggelerntes gehen. Vielmehr geht es um ein Verstehen und Durchdringen des Themas.

Möglichkeiten für Fragekarten:
1 Beschreibe das Thema kurz in drei Sätzen!
2 Was ist für dich das Wichtigste am Thema?
3 Welche Schlagzeile würdest du zu diesem Thema
   für eure Tageszeitung formulieren?
4 Gibt es etwas, was du zu diesem Thema noch erfahren möchtest,
   etwas, womit du dich noch näher befassen könntest?

5 Hast du bei diesem Thema eine für dich neue Erkenntnis gewonnen?
6 Nenne drei Kernbegriffe aus dem Themenbereich,
    den wir besprochen haben.
7 Was würdest du in einer Nachrichtensendung zu
    diesem Thema sagen?
8 Möchtest du eine Person zu diesem Thema etwas fragen?
9 Stell dir vor, du solltest über dieses Thema einen Film drehen.
    Welchen Titel könnte dieser Film tragen?

Wortsalat   3A

Material: Notizzettel, Stifte

Durchführung: Jeder Teilnehmer wählt aus dem behandelten Themengebiet einen Kernbegriff aus. Diesen zerlegt er in seine Einzelbuchstaben. Jeder Buchstabe des Kernwortes darf beliebig oft auf ein Blatt geschrieben werden. Anschließend sammelt der Gruppenleiter die Buchstabenzettel ein und gibt jedem Teilnehmer das Blatt eines anderen Gruppenmitgliedes. Die Teilnehmer sollen nun raten, welches Wort in Einzelbuchstaben zerlegt wurde.

Beispiel:

Blatt 1: Gentechnik

G	E	E	E	T	G	N	K	G	N	K
C	H	I	T	I	C					

Blatt 2: künstliche Befruchtung

B	F	K	Ü	N	N	S	T	T	T	U
G	E	R	H	C	H	L	I	G	E	E
C	H	T	G							

Variante: Das Spiel eignet sich auch als Kennenlernspiel. Dazu schreibt jeder Teilnehmer die Buchstaben seines Vornamens beliebig oft auf.

Ballrollen

Material: Softball

Durchführung: Die Teilnehmer sitzen im Kreis – am besten mit gegrätschten Beinen auf dem Boden. Ein Teilnehmer hat den Ball und stellt eine Frage. Dann rollt er den Ball einem anderen Teilnehmer zu. Dieser beantwortet die Frage, stellt eine weitere Frage und rollt den Ball seinerseits einem anderen Mitglied der Gruppe zu. Kann ein Teilnehmer die Frage nicht beantworten, rollt er den Ball direkt weiter zu einem anderen Gruppenmitglied.

Rückblick

Material: keines

Durchführung: Die Teilnehmer sitzen im Kreis. Am Ende einer thematischen Einheit werden zwei Durchgänge der folgenden Art gemacht. Im ersten Durchgang sagt jeder Teilnehmer: »An diesem Thema hat mich besonders interessiert...« oder »An diesem Thema war für mich besonders wichtig...« oder »Bei der Behandlung des Themas hat mir besonders gut gefallen...«. Im zweiten Durchgang sagt jeder: »An diesem Thema hat mich nicht interessiert...« oder »Bei der Behandlung dieser Thematik hat mich gestört...«.

Hinweis: Bei diesem Rückblick sollte unbedingt Wert darauf gelegt werden, dass sich jeder Teilnehmer äußert. Die Einschätzungen der Teilnehmer sollen sowohl vom Gruppenleiter als auch von den übrigen Teilnehmern kommentarlos aufgenommen werden.

Material: Papier, Stifte

Durchführung: Am Ende einer thematischen Einheit soll jeder Teilnehmer auf ein DIN-A4-Blatt notieren oder malen, was ihm am Thema wichtig war. Die Zettel werden dann alle an die Pinnwand geheftet. Nachdem jeder die Kommentare und Bilder der anderen gelesen bzw. betrachtet hat, schreiben die Teilnehmer je nach Bedarf noch weitere Zettel.

Es ist unerlässlich, dass alle an der Pinnwand vorbeigehen. Ein Gespräch im Plenum bildet den Abschluss.

Tagebuch   3A

Material: pro Teilnehmer ein Schreibheft, Stifte

Durchführung: Zu Beginn eines thematischen Schwerpunktes erhält jeder Teilnehmer ein Schreibheft als Tagebuch. In diesem soll er während der gesamten Themensequenz seine Gedanken, Fragen, Erlebnisse, Erkenntnisse, Meinungen und Probleme bezüglich des Themas notieren.

In einer vertrauten Gruppe können Tagebucheintragungen vorgelesen und besprochen werden.

Das Tagebuch stellt eine besondere Art der Dokumentation dar, weil es nicht nur Sachverhalte benennt, sondern den persönlichen Bezug zum Thema deutlich macht.

Dreiergeschichte

Material: evtl. Papier und Stifte

Durchführung: Drei Begriffe, die aus dem besprochenen Themenkreis bekannt sind, werden festgelegt. Reihum erfindet dann jeder Teilnehmer eine kleine Geschichte, in der die 3 Begriffe vorkommen.

Variante 1: Wenn die Gruppe im Erzählen von Geschichten geübt ist, können auch mehr als drei Begriffe festgelegt werden.

Variante 2: Die Teilnehmer schreiben ihre Texte auf und lesen sie einander vor.

Variante 3: Ein Teilnehmer beginnt eine Geschichte zu erzählen und verwendet dabei einen der drei Begriffe. Der Nächste fährt fort und verwendet einen weiteren Begriff. Der dritte Teilnehmer verwendet den übrig gebliebenen Begriff. Der vierte Teilnehmer beginnt eine neue Geschichte.

Werbeclip

Material: CDs, Plakate, Stifte, Videokamera, Schminke, Kleidungsstücke etc.

Durchführung: Für diese Übung ist es nicht nur wichtig, dass sich die Gruppe intensiv mit einem Thema auseinandergesetzt hat. Zusätzlich sollte sie Werbung unter den folgenden Fragestellungen betrachtet haben:
- Wie wirkt Werbung?
- Wie wird diese Wirkung im Einzelnen erzielt?
- Was sehe ich, was höre ich in der Werbung?
- Welche Bilder und Symbole werden verwendet?
- Welche Produkte werden beworben?
- Welche Wünsche werden von der Werbung angesprochen?
- Welche Adressaten hat die Werbung?
- Wo kommt Religion zur Sprache?

Die Gruppe teilt sich zunächst in mehrere Kleingruppen auf, die dann überlegen, welchen Aspekt des behandelten Themas sie bewerben wollen. Die notwendigen Requisiten werden besorgt. Jede Gruppe nimmt ihren Werbeclip auf Video auf und führt ihn den anderen vor.

Hinweis: Bei dieser Übung wird vorwiegend die Gefühlsebene der Teilnehmer angesprochen, ihre Kreativität und Phantasie angeregt. Die eigentliche Beschreibung des Produkts tritt zugunsten der Vermittlung eines möglichst positiven Lebensgefühls in den Hintergrund. Diese Arbeitsmethode erlaubt eine Auseinandersetzung mit dem Thema und den damit verbundenen eigenen Vorstellungen und Wünschen sowohl auf der kognitiven als auch auf der emotionalen Ebene.

Der erhebliche Zeitaufwand ist bei der Planung zu berücksichtigen.

Hand und Fuß 3A

Material: große Papierbahnen, Stifte

Durchführung: Die Gruppe teilt sich in Kleingruppen auf. Jede Gruppe malt dann für sich einen Menschen auf oder sie ummalt die Körperform eines Teilnehmers, der sich auf eine Papierbahn gelegt hat. Anschließend überlegen die Teilnehmer, wie die Beschäftigung mit dem Thema auf sie gewirkt hat. Was bewirkt das besprochene Thema in meinem Herzen? Was möchte ich jetzt am liebsten mit meinen Händen tun? Was geht mir durch den Kopf? Die Teilnehmer schreiben ihre Meinungen, Gedanken, Handlungsideen in die entsprechenden Körperteile. Die Kleingruppen vergleichen ihre »Menschenbilder« miteinander.

Eindeutig mehrdeutig

Material: Papier, Stifte, Schere, Plakatkarton, Klebstoff

Durchführung: Der Gruppenleiter hat für jeden Teilnehmer eine Tabelle mit zwei Spalten vorbereitet. In der linken Spalte stehen untereinander mehrere Begriffe wie z. B. Tod, Liebe, Freiheit, Frieden, Vertrauen, Wagnis, Hoffnung, Kraft, Erfolg, Achtung, Alter, Geborgenheit, Schmerz, Angst, Zuversicht, Natur usw. Über der rechten Spalte steht jeweils der Name des Teilnehmers, der neben den Begriff seine Assoziationen schreiben soll.

Hat jeder Teilnehmer die Tabelle ausgefüllt, schneidet er die linke Spalte mit den Begriffen ab. Auf einem großen Plakat, auf dem die gewählten Begriffe nochmals stehen, klebt jeder seine Gedanken daneben. Die Teilnehmer können nun ihre Ergebnisse vergleichen. Gespräche darüber, was zu den einzelnen Gedankengängen geführt hat, werden hierdurch geradezu provoziert.

Junges Gemüse – alte Hasen

Material: Papier, Stifte, Plakatkarton

Durchführung: Viele Themen werden von Menschen unterschiedlichen Alters verschieden gesehen und beurteilt. Die Gruppe wird je nach Gruppenstärke in drei bzw. vier Kleingruppen aufgeteilt. Jede Gruppe übernimmt die Auseinandersetzung mit einer anderen Lebensaltersstufe (15-jährige, 35-jährige, 55-jährige, 75-jährige). Die Kleingruppen sollen überlegen, was Vertreter der jeweiligen Altersstufe zum Thema sagen würden, wie sie urteilen, diskutieren, bewerten würden. Die Ergebnisse werden auf Plakaten gesammelt.

Im Plenum werden die unterschiedlichen Ein- bzw. Fragestellungen diskutiert.

Eventuell führt die Gruppe Interviews durch, bei denen sie verschiedene Menschen der unterschiedlichen Altersstufen zum Thema befragt.

Mosaikboden

Material: pro Teilnehmer ein Stein, Statementkarten

Durchführung: Der Gruppenleiter (oder ein Teilnehmer) liest eine Statementkarte zu einem Thema vor. Diese Karte wird dann in der Kreismitte abgelegt. Jeder Teilnehmer legt anschließend seinen Stein – je nach seiner persönlichen Einstellung bzw. Einschätzung - in die Nähe der Statementkarte oder weiter weg von ihr.

Wer möchte, begründet die Lage des eigenen Steins und setzt ihn eventuell zu den anderen Steinen in Beziehung.

Die gesamte Gruppe sollte anschließend das entstandene Stein-Mosaik kommentieren, bevor eine neue Statementkarte vorgelesen wird.

Hinweis: Diese Übung gibt einen guten Einblick in die Stimmungen und Einstellungen der Gruppe zu einem Thema.

Eigenbau

Material: siehe Durchführung

Durchführung: Die Teilnehmer sammeln in ihrer Umgebung (Geschäften, Werkstätten, Betrieben etc.) z.B. Naturmaterialien, Abfallprodukte, Dinge von Entrümpelungen, Verpackungsmaterial, Rohre usw.

Aus diesen Materialien werden Skulpturen oder Landschaften gebaut.

Variante: Für die übrigen Teilnehmer werden Führungen veranstaltet, bei denen die Werke erklärt werden.

Open-end-Sätze

Material: Papier, Stifte

Durchführung: Der Gruppenleiter nennt das Thema, das in den nächsten Stunden besprochen werden soll. Die Gruppe teilt sich in Kleingruppen mit ca. fünf Teilnehmern auf.

Einer der Teilnehmer beginnt nun ein Wort auf das Papier zu schreiben und reicht das Blatt an seinen linken Sitznachbarn weiter. Dieser ergänzt wiederum nur ein Wort usw. Das Blatt wird so lange herumgereicht, bis niemand mehr ein Wort ergänzen kann. Auf diese Weise sollen Sätze entstehen, die etwas mit dem Thema zu tun haben, einen Sinn ergeben und darüber hinaus noch möglichst lang sind. Die Kleingruppen lesen den übrigen Gruppen ihre Sätze vor. Welche Gruppe hat den längsten zum Thema passenden Satz gefunden? Kann vielleicht doch noch jemand den einen oder anderen Satz ergänzen?

Geheimpost

Material: Briefumschläge, Stifte, Papier

Durchführung: Der Gruppenleiter nennt das Thema, mit dem sich die Gruppe in den nächsten Wochen befassen wird. Jeder Teilnehmer schreibt nun einen Brief an sich selbst, in dem er Meinungen zum Thema, Interessen oder Fragen formuliert. Der Brief wird in einen Umschlag mit der eigenen Adresse gesteckt und zugeklebt. Der Gruppenleiter sammelt die Briefumschläge ein. Am Ende der thematischen Einheit teilt er die Briefe wieder an die Teilnehmer aus. Jeder liest nun nochmal den Brief, den er zu Anfang geschrieben hat. Er vergleicht seine Meinungen von »früher« mit seinen aktuellen Einstellungen. Sind meine Interessen berücksichtigt worden? Gibt es noch offene Fragen?

Wer möchte, spricht im Plenum über seine »Vorher-Nachher«-Erfahrungen.

Hinweis: Diese Übung kann deutlich machen, mit welchen Vorurteilen, Zweifeln oder Widersprüchen wir manchmal an ein Thema herangehen und wie eine intensive Auseinandersetzung mit einem Thema unseren Blickwinkel verändern kann.

Buchstabenquiz 1A/3A

Material: eventuell Papier und Stifte

Durchführung: Jeder Teilnehmer sagt zum Thema ein Wort, das mit dem Anfangsbuchstaben seines Vor- oder Nachnamens beginnt.

Variante: Man kann die Teilnehmer die Begriffe zunächst auch still auf einen Zettel notieren lassen und sie anschließend zusammentragen.

Paarinterview 1A/3A

Material: keines

Durchführung: Jeweils zwei Teilnehmer finden sich zu einem Paar zusammen. Einer der beiden beginnt. Er hat ca. 5-10 Minuten Zeit, seine Einstellungen zum Thema, sein Wissen, seine Fragen zu formulieren. Der andere Teilnehmer hört aufmerksam zu. Dann werden die Rollen getauscht. Im Plenum stellen dann die Interviewpartner ihre jeweiligen Partner vor, ohne dass der andere Stellung dazu beziehen oder etwas kommentieren darf. Rückfragen aus der Gruppe sind ebenfalls nicht erlaubt.

Hinweis: Diese Übung eignet sich sowohl zum Einstieg in ein Thema als auch zum Abschluss. Ebenso kann diese Übung als Kennenlernspiel variiert werden. Die Teilnehmer können dann fünf Minuten von sich erzählen.

Dingsda

Material: Karteikarten, Stifte

Durchführung: Jeder Teilnehmer erhält eine Karte mit einem Begriff aus dem zu behandelnden Thema bzw. dem behandelten Themenkomplex. Dieser Begriff soll nun umschrieben werden, ohne dass der Begriff dabei selbst genannt werden darf. Die übrigen Teilnehmer sollen aufgrund der Umschreibungen den gemeinten Begriff erraten.

Variante: Der Gruppenleiter nennt das Thema und die Teilnehmer überlegen sich selbst Begriffe, die sie umschreiben wollen.

Hinweis: Dieses Ratespiel eignet sich als Einstieg in ein neues Thema und zur Wiederholung von Begriffen.

Nachrichtensendung

Material: Zeitungen, Zeitschriften

Durchführung: Im Hinblick auf das besprochene Thema werden Zeitungen und Zeitschriften der letzten Woche nach Beiträgen, Meldungen, Überschriften und Notizen durchforstet. Diese werden von jeweils einer Kleingruppe gesammelt. In Form einer Nachrichtensendung werden die Zeitungsausschnitte dann verlesen und von den übrigen Gruppenmitgliedern pantomimisch, musikalisch, tänzerisch oder szenisch dargestellt.

Lottoschein

Material: pro Teilnehmer einen »Lottoschein«, ein Plakat, Stifte

Durchführung: Der Gruppenleiter schreibt Aussagesätze zu den wichtigsten Elementen des Themas untereinander auf ein Blatt. Die Teilnehmer lesen die Aussagen und tippen auf ihrem Blatt (Lottoschein), welche Aussage am meisten Zustimmung bekommen wird (+) und welche am wenigsten (-). Diese »Lottoscheine« werden mit Namen versehen und dem Gruppenleiter gegeben.

Danach hängt der Gruppenleiter ein Plakat mit den gleichen Aussagen auf. Jeder Teilnehmer darf nun hinter drei Aussagen, denen er zustimmt, ein Kreuz machen. Die Wertung auf dem Plakat wird ausgezählt und mit den abgegebenen Lottoscheinen verglichen.

Ein Auswertungsgespräch kann sich anschließen.

Ich bin

Material: Papier, Stifte, evtl. Abbildungen

Durchführung: Die Teilnehmer sollen sich zu einem Thema in einen Gegenstand, eine Person oder ein Tier hineinversetzen. Anschließend schreiben sie dazu einen Aufsatz, ein Gedicht, einen Text. Der Anfang lautet jeweils »Ich bin...«

Die Texte werden anschließend der Gruppe vorgelesen.

Beispiel: Ich bin eine Tür...

Ich bin alt, aber doch noch nicht zu alt.
Ich bin fast schon verbraucht, aber doch noch zu gebrauchen.
Ich bewahre Schätze und werde doch kaum noch geschätzt.
Doch schon zu lange in den Angeln?
Ich kann viele Geschichten erzählen,

auch wenn ich selbst kaum noch im Gespräch bin.

Ich habe vieles gesehen, auch wenn ich meist übersehen wurde.

Noch bin ich verschlossen,

doch drück doch mal zu –

vielleicht werde ich dann offen..

na, was meinst du dazu?

Hinweis: Zur Erarbeitung des Textes kann eine Bildvorlage von dem Gegenstand, der Person oder dem Tier hilfreich sein.

Variante: Zum erarbeiteten Text malt jeder Teilnehmer den Gegenstand, die Person oder das Tier.

Playback   2A/3A

Material: Papier, Stifte

Durchführung: Die Gruppe einigt sich auf ein bekanntes Lied bzw. eine bekannte Melodie. Passend zum behandelten Thema schreiben nun die Teilnehmer in Kleingruppen neue Texte zu den bekannten Liedern. Die Lieder werden anschließend vorgesungen.

Pfeifenputzer   1A/2A/3A

Material: Pfeifenputzerdraht in verschiedenen Farben

Durchführung: Aus Pfeifenputzerdraht lassen sich sehr gut Figuren formen, mit denen man unterschiedliche Szenen gestalten kann. Diese Pfeifenputzerpersonen bieten zudem den Vorteil, dass ihre Positionen und Körperhaltungen leicht veränderbar sind. Auch Tiere, Ketten, Netze und Landschaften lassen sich sehr gut mit ihnen gestalten.

Meinungsbild

Material: pro Teilnehmer ein Gegenstand, (Frage-)Karten

Durchführung: Jeder Teilnehmer bringt einen persönlichen Gegenstand mit in den Sitzkreis. Der Gruppenleiter stellt eine Frage/formuliert eine Aussage und legt die entsprechende Karte in der Kreismitte ab. Die Teilnehmer überlegen nun, wie sehr oder wie wenig sie der Frage/Aussage zustimmen können und legen je nach ihrer persönlichen Einstellung ihren Gegenstand sehr weit von der Karte weg oder sehr nahe an die Karte heran.

Wer möchte, kann zu dem sichtbar gemachten Meinungsbild der Gruppe Stellung beziehen oder/und die Lage des eigenen Gegenstandes begründen.

Daumenabstimmung

Material: keines

Durchführung: Der Gruppenleiter nennt verschiedene Situationen, Statements etc. Die Teilnehmer hören zu und entscheiden dann, ob sie der Aussage zustimmen oder nicht. Wenn ja, zeigen sie mit dem Daumen nach oben, wenn nein, zeigen sie mit dem Daumen nach unten.

Dabei dürfen die Teilnehmer nur beobachten, wie die anderen abstimmen, es aber nicht kommentieren.

Hinweis: Diese Übung eignet sich auch als Einstieg in ein neues Thema, um ein Stimmungsbild zu bekommen.

Tante-Emma-Laden

Material: beliebig

Durchführung: Zu einem zuvor genannten oder besprochenen Thema soll jeder Teilnehmer Gegenstände, Symbole etc. von zu Hause mitbringen. Diese Materialien werden dann in Kleingruppen auf einem Tisch zu einem »Tante-Emma-Laden« aufgebaut. Ein Mitglied der Kleingruppe muss jeweils im eigenen Tante-Emma-Laden bleiben. Die anderen gehen in die anderen Läden und schauen, wie die übrigen Gruppen das Thema gestaltet haben, lassen sich die Wahl der Gegenstände erklären, fragen und diskutieren. Die Übung dauert so lange, bis jeder einzelne einmal Tante-Emma-Laden-Besitzer und Besucher war. In einem Gruppengespräch werden die gewonnenen Eindrücke und die gemachten Erfahrungen ausgetauscht.

Ampelspiel

Material: drei Dosen in den Farben rot, gelb, grün, pro Teilnehmer ein Satz Situationskarten

Durchführung: Jeder Teilnehmer erhält einen Satz Karten. Die Karten sind durchnummeriert. Entsprechend der Reihenfolge legt jeder Teilnehmer die Karten vor sich ab. Auf den einzelnen Karten stehen entweder Situationen oder Fragen, die Entscheidungen verlangen, Statements oder Provokationen. Die erste Karte wird vorgelesen. Anschließend entscheidet jeder Teilnehmer für sich alleine, ob er der Aussage zustimmt (grüne Dose), die Aussage ablehnt (rote Dose) oder ihr nur teilweise zustimmt (gelbe Dose). Die Kärtchen werden von den Teilnehmern in die entsprechende Dose geworfen. Wer möchte, kann seine Entscheidung begründen.

Es kann für die Gruppe auch interessant sein, nachzuvollziehen, wie viele der Gruppenmitglieder bei einer bestimmten Situation ihre Karte in die grüne, gelbe oder rote Dose geworfen haben.

Bildhauerspiel

Material: keines

Durchführung: Der »Bildhauer« formt aus einem oder mehreren Teilnehmern eine Skulptur und stellt diese den anderen vor. Die Gruppe versucht Begriffe wie Angst, Freude, Geborgenheit, Glück, Trauer, Abendmahl, Harmonie, Gemeinschaft und Einsamkeit zu formen. Wie verändert sich die Bedeutung der Begriffe, wenn die Skulptur verändert wird? Gibt die Skulptur für mich das wieder, was ich mit dem Begriff verbinde? Wie würde meine Skulptur zum gleichen Begriff aussehen? Welche Begriffe kann ich besser in einer bewegten, dynamischen Skulptur darstellen als in einer statischen?

Variante: Nachdem der Bildhauer seine Skulptur zu einem Begriff vorgestellt hat, gestalten mehrere Kleingruppen »ihre« Skulpturen zum gleichen Begriff. Jede Gruppe erläutert ihr Werk.

Hinweis: Nachdem ein Bildhauer seine Skulptur erstellt hat, sollte der Gruppe zunächst Gelegenheit gegeben werden, das Bild auf sich wirken zu lassen. Bevor der Bildhauer sein Werk erläutert, sollten die übrigen Teilnehmer sich dazu äußern.

Gedankenspiel

Material: keines

Durchführung: Der Gruppenleiter beginnt: »Ich denke an (z.B.) Jesus.« Der Sitznachbar fährt dann fort: »Wenn ich Jesus höre, denke ich an Ostern.« Der Nächste sagt: »Wenn ich Ostern höre, denke ich an Auferstehung.« Das Spiel geht so lange weiter, bis der Gruppe keine Fortsetzungen mehr einfallen.

Hinweis: Wenn betont wird, dass man wirklich die erste Assoziation, die einem zu dem zuvor genannten Begriff kommt, nennen sollte, kann das Spiel nur an Reiz gewinnen.

Aller Anfang ist gleich   1A/2A/3A

Material: Papier, Stifte

Durchführung: Die Gruppe wählt einen Begriff aus, z. B. »Glauben«. Der Begriff wird so oft untereinander auf ein Plakat geschrieben, dass jeder Teilnehmer eine Zeile ergänzen kann.

Beispiel:
Glauben glaubhaft
Glauben an Gott
Glauben?
Glauben, was andere sagen?!
Glauben und zweifeln
Glauben ist schwer
Glauben hilft
Glauben und vertrauen und hoffen und lieben
Glauben woran?
Glauben Unglauben

Variante: Jeder Teilnehmer schreibt einen eigenen Text, bei dem ebenfalls jede Textzeile mit dem gleichen Wort beginnt.

B: Themenbezogene Ideen

1B: **Einsteigen**
2B: **Erarbeiten**
3B: **Erinnern**

Blind schreiben (Blind sein)

Material: Papier, Stifte, Tücher

Durchführung: Jeweils zwei Teilnehmer finden sich zusammen. Einem Teilnehmer werden die Augen verbunden. Der andere »führt« dem »Blinden« die Hand und schreibt so ein Wort. Kann der »Blinde« erraten, was er geschrieben hat? Anschließend werden die Rollen getauscht.

Malaktion (Blind sein)

Material: Papier, Stifte, Tücher

Durchführung: Jeweils zwei Teilnehmer finden sich zusammen. Einem der beiden werden mit einem Tuch die Augen verbunden. Vor ihm liegt ein Blatt Papier; einen Stift hält er in der Hand. Der Partner sagt nun dem »Blinden«, was er malen soll, z. B. »Beginne in der rechten oberen Ecke und male einen Kreis...« usw. Der »Blinde« darf während der Übung nicht nachfragen. Nach spätestens 10 Minuten sollten die Rollen getauscht werden. Danach raten die einzelnen Künstler, welchen Gegenstand, welches Lebewesen sie hätten malen sollen.

Variante 1: Die Bilder werden ins Plenum gebracht. Alle versuchen zu raten, was die »Blinden« gemalt haben. Wo ist etwas zu erkennen?

Variante 2: Die Teilnehmer tauschen sich über ihre Erfahrungen als »Blinde« und als »Sehende« aus.

Variante 3: Die Teilnehmer malen ihr Bild nun mit offenen Augen weiter, ergänzen es, benutzen Farben.

Anzeigen (Geburt)

Material: Anzeigentexte aus Zeitungen

Durchführung: Die Teilnehmer erhalten die Aufgabe, Geburtsanzeigen aus Tageszeitungen zu sammeln.
Worin unterscheiden sich die Anzeigen?
Welche Informationen enthalten sie?
Was wollen die Inserenten mitteilen?
Welche Anzeige gefällt mir persönlich am besten?
Die Teilnehmer versuchen die Anzeigen in Gruppen zusammenzufassen.
Sie formulieren selbst fiktive Geburtsanzeigen.

Zielwandern (Ziele/Wege)

Material: Tücher, Zettel, Stifte, Kreide, Stöcke

Durchführung: Jeder Teilnehmer überlegt sich ein Ziel, das er in seinem Leben erreichen möchte, und schreibt es auf einen Zettel. Diese Zettel werden an Stöcken befestigt und in die Erde gesteckt. Je nach Platzangebot macht man ca. 30 Schritte vom Stock weg und markiert dort mit Kreide die Startlinie. Den Teilnehmern werden nacheinander die Augen verbunden und einer nach dem anderen wandert nun blind zu seinem Ziel. Dabei steht ihm aber nur die vorher abgezählte Schrittzahl zur Verfügung. Nach 30 Schritten muss er stehenbleiben, ihm wird das Tuch abgenommen und er sieht, wie weit entfernt er noch von seinem Ziel ist, ob er nah ist oder ob er über sein Ziel hinausgeschossen ist. Der Teilnehmer bleibt auf jeden Fall auf seinem Platz stehen bis alle anderen auch blind ihr Ziel verfolgt haben. Die Teilnehmer, die gerade nicht wandern, beobachten genau: Sind die Schritte eher zögerlich? Beginnt das Gruppenmitglied forsch und wird dann langsamer? usw.

Die Teilnehmer tauschen sich darüber aus, was es heißt, sein Ziel blind zu verfolgen. Es soll herausgearbeitet werden, wie wichtig es ist, Ziele zu haben und diese auch zu verfolgen. Wie erreicht man sein Ziel am besten? Die Teilnehmer können den Weg zu ihrem Ziel zuerst mit offenen Augen gehen, bevor sie darüber in der Gruppe sprechen.

Variante: Man macht einen weiteren Durchgang, bei dem allen Teilnehmern gleichzeitig die Augen verbunden werden. Wer blind sein Ziel verfolgt, bringt dabei sich und andere in Gefahr.

Pinnwort (biblische Geschichten) 1B

Material: Tesakrepp, Notizzettel, Stifte, Textvorlage

Durchführung: Der Gruppenleiter liest eine (biblische) Geschichte vor. Die Teilnehmer haben den Auftrag, ein einzelnes Wort oder einen Satz, der sie am meisten anspricht, ihnen auffällt, auf einen Zettel zu schreiben. Die Zettel werden an die Wand geheftet und zunächst still von allen Teilnehmern gelesen. Anschließend wird ein Gespräch über die getroffene Auswahl geführt. Gibt es Worte/Sätze, die von mehreren Teilnehmern ausgewählt wurden? Möchte ich meine Wahl begründen?

Variante: Die Teilnehmer versuchen, die Zettel in eine Ordnung zu bringen, indem sie Gruppen bilden und für diese Oberbegriffe suchen.

Material: je nach Aufgabenstellung verschieden, Auftragskarten

Durchführung: Der Gruppenleiter hat verschiedene Arbeitsaufträge, die ein Teilnehmer kaum oder nur sehr schwer alleine bewältigen kann, auf Karten geschrieben. Die Teilnehmer kommen nacheinander an die Reihe und erhalten jeweils eine Karte. Sie lesen sich den Arbeitsauftrag still durch und versuchen, die ihnen gestellte Aufgabe zu bewältigen. Die übrigen Teilnehmer schauen zu, wie der Teilnehmer sich bemüht und welche »Lösung« er findet, ohne dass sie konkret wissen, um welchen Auftrag es sich handelt.

Entweder die Teilnehmer kommen von alleine auf die Idee, jemanden um Hilfe zu bitten oder sie kapitulieren vor der Aufgabe. Nur selten gelingt es, die Aufgabe allein zu bewältigen.

Je nach Situation entscheidet der Gruppenleiter, ob er Tipps gibt. Eventuell sollte mit dem Hinweis »Gemeinsam sind wir stark« ein zweiter Durchgang gemacht werden, wobei die Arbeitsaufträge zuvor noch mal neu gemischt werden. Die übrigen Teilnehmer beobachten erneut genau das Geschehen.

Im Anschluss daran wird im Plenum über die unterschiedlichen Erfahrungen gesprochen. Es wird herausgearbeitet, dass man manchmal auf die Hilfe anderer angewiesen ist und vieles gemeinsam besser geht bzw. überhaupt erst machbar ist. Diese Erkenntnisse wird auf Situationen aus dem täglichen Leben der Teilnehmer übertragen.

Material: keines

Durchführung: Die Teilnehmer sitzen im Kreis. Der Gruppenleiter stellt zunächst die Frage, wie es den Einzelnen gerade geht. Jeder Teilnehmer stuft sein persönliches Empfinden auf einer Skala von eins bis zehn ein, wobei es einem bei eins ganz schlecht geht und bei zehn sehr gut.

Die Teilnehmer hören den anderen aufmerksam zu, kommentieren aber nicht. In einer zweiten Runde können dann die Teilnehmer, die wollen, begründen, warum sie die betreffende Zahl genannt haben.

Hinweis: Diese Übung macht deutlich, wer an diesem Tag vielleicht Hilfe, Rücksicht oder Anteilnahme benötigt. Sie trägt aber auch dazu bei, dass die Teilnehmer über die eigene Befindlichkeit nachdenken und sie auszudrücken lernen.

Ballonspiel   (Gemeinschaft)   1B

Material: ein oder mehrere Luftballons, Filzstift

Durchführung: Der Gruppenleiter bläst einen Luftballon auf und verknotet das Ende gut. Die Gruppe stellt sich im Kreis auf. Ein Teilnehmer beginnt nun, den Ballon anzustoßen und läuft dann wieder auf seinen Platz zurück. Darauf hin stößt ein anderer Teilnehmer den Ballon an. Bei dieser Übung soll jeder möglichst einmal den Ballon angestoßen haben, ohne dass vorher eine Reihenfolge festgelegt wurde. Es ist darauf zu achten, dass der Ballon den Boden nicht berührt.

Hinweis: Diese Übung stellt in erster Linie Anforderungen an die Kooperationsbereitschaft und –fähigkeit der Gruppe. Gemeinsam kann die Aufgabe bewältigt werden. Nachdem dies herausgestellt wurde, kann mit einem Filzstift bzw. Folienschreiber das Wort »Gemeinschaft« auf den

Ballon geschrieben werden. Der Transfer »zur Gemeinschaft muss jeder seinen Teil beitragen« soll geleistet werden.

Laufspiel (Hilfe)   1B

Material: keines

Durchführung: Ein Teilnehmer der Gruppe wird als Fänger bestimmt; er versucht, die übrigen Mitglieder zu fangen. Wenn ein Teilnehmer fürchtet gefangen zu werden, ruft er um Hilfe. Sobald ein anderer Teilnehmer dann die Hand des Hilferufenden ergreift, ist er gerettet. Bekommt der Teilnehmer keine Hilfe und wird gefangen, wird er selbst zum Fänger.

Nach der Spielphase tauschen sich die Teilnehmer über die während des Spiels gemachten Erfahrungen aus. Wie fühlt man sich, wenn man in Bedrängnis gerät und Hilfe benötigt, diese jedoch nicht rechtzeitig kommt? Zu welchem Zeitpunkt habe ich um Hilfe gerufen? Gab es Situationen, in denen ich dachte, ich komme da ohne fremde Hilfe aus und habe es dann doch nicht geschafft? Wollte ich jemandem helfen, wusste aber nicht so recht wie, ohne selbst gefangen zu werden? Gab es jemanden, der meine Hilfe abgelehnt hat? usw.

Nach Beantwortung dieser Frage kann die Gruppe einen Transfer auf Alltagssituationen versuchen.

Material: Buchstabenkarten

Durchführung: Der Gruppenleiter hat die Buchstaben eines Begriffs, z. B. Judentum, auf kleine Karten geschrieben. Zusätzlich teilt er leere Karten aus, so dass alle Teilnehmer eine Karte haben. Reihum wird nun das Alphabet aufgesagt. Einer beginnt mit A, der nächste macht mit B weiter usw. Wäre ein Buchstabe an der Reihe, der auf einer der Karten steht, ruft das Kind mit der entsprechenden Karte schnell »Plopp«. Der Teilnehmer, der an der Reihe gewesen wäre, sagt dann den folgenden Buchstaben. Die Teilnehmer sollen sich die Buchstaben, die durch ein »Plopp« ersetzt wurden, merken und aufgrund dieser Plopp-Buchstaben dann den Begriff erraten. Vielleicht gelingt das auch schon, bevor alle Plopp-Buchstaben erwähnt wurden.

Hinweis: Eine besondere Schwierigkeit bei dem Spiel liegt darin, gleichzeitig auf die ABC-Folge und die Plopp-Buchstaben zu achten. Außerdem werden die Plopp-Buchstaben nicht in der Reihenfolge genannt, in der sie im Begriff vorkommen.

Beispiel: A, B, C, Plopp, Plopp, F, G, H, I, Plopp, K, L, Plopp, Plopp, O, P, Q, R, S, Plopp, Plopp, Plopp, V, W, X, Y, Z. (Judentum)
Kommt ein Buchstabe zweimal in einem Wort vor, wie in diesem Beispiel U, dann werden zwei Teilnehmer Plopp sagen, da die Buchstabenkarte mit dem doppelten Buchstaben auch zweimal ausgegeben wurde.

Variante: Um den Einstieg in das Spiel zu erleichtern, empfiehlt es sich, die Plopp-Buchstaben zunächst auf einem Plakat zu notieren. Ist die Gruppe geübter, kann dann wie oben beschrieben verfahren werden.

Konzentrische Kreise (Partnerschaft/Freundschaft)

Material: Papier, Stifte, Kopiervorlagen

Durchführung: Im Raum steht die Frage: Was gehört für mich zu einer Partnerschaft/Freundschaft? Jeder Teilnehmer sammelt das, was ihm wichtig ist, auf einem Blatt Papier. Anschließend erhält er eine Kopiervorlage mit mehreren konzentrischen Kreisen. In den innersten Kreis schreiben die Teilnehmer das, was ihnen von allem, was sie notiert haben, an einer Freundschaft/Partnerschaft am wichtigsten ist. Im äußersten Kreis steht das, was ihnen am wenigsten wichtig ist.

Variante: Die Gruppe tauscht sich über die Ergebnisse der einzelnen Teilnehmer aus. Sie erstellt gemeinsam ein Gruppenbild. Dabei sind folgende Kriterien maßgebend: Was ist der Mehrzahl der Gruppenmitglieder besonders wichtig, was weniger wichtig? Die Ergebnisse werden ebenfalls in eine Kopiervorlage übertragen. Jeder Teilnehmer kann nun das Gruppenbild mit dem eigenen vergleichen. Begriffe, die in den Gruppenkreisen nicht notiert werden konnten, werden außen um das Kreisbild herum geschrieben.

Übersetzungsspiel (Symbole, Zeichen, Gefühle)

Material: Wortliste, Papier, Stifte

Durchführung:
Der Gruppenleiter nennt in schnellem Tempo ca. zehn Begriffe. Aufgabe der Teilnehmer ist es, die genannten Begriffe zu notieren, wobei jedoch keine Buchstaben verwendet werden dürfen. Das heißt, es stehen nur Punkte, Striche, Piktogramme und Figuren zur Verfügung. Anstelle von »Schmerz« hat vielleicht jemand eine Tablette gemalt, für »Tod« ein Kreuz, für »Kummer« ein Gesicht mit nach unten gezogenen Mundwinkeln.

Dann sollen die Zeichnungen eine Weile zur Seite gelegt werden, damit die Erinnerung an die Worte nicht mehr so frisch ist.

Werden die Zeichnungen dann noch mal zur Hand genommen, soll jeder Teilnehmer zu seinen Aufzeichnungen das Wort schreiben, das er darstellen wollte. Der Gruppenleiter liest seine Wortliste noch mal vor und die Teilnehmer vergleichen.

Hinweis: Besonders interessant ist es, wenn die Teilnehmer ihre Abbildungen miteinander vergleichen und sich dabei über ihre Gedankengänge austauschen.

Wer bist du?   (Jakob und Esau)   1B

Material: Tuch

Durchführung: Die Teilnehmer sitzen im Kreis. Ein Teilnehmer wird als »Esau« bestimmt, ein anderer als »Vater«. Dem Vater werden die Augen verbunden. Nacheinander setzen sich nun verschiedene Teilnehmer auf den Schoß des Vaters. Der Vater stellt jeweils die Frage: »Jakob, bist du's?« Derjenige, der beim Vater auf dem Schoß sitzt, muss mit verstellter Stimme antworten. Die Aufgabe des Vaters ist es, Esau bzw. Jakob zu erkennen.

Hinweis: Die Teilnehmer sollen in diesem Spiel erfahren, wie schwer es ist, einen Menschen nur an der Stimme zu erkennen.

Begrüßen (Wünsche)

Material: keines

Durchführung: Der Gruppenleiter begrüßt einen Teilnehmer und wünscht ihm etwas. Danach geht der Teilnehmer zu einem weiteren Teilnehmer, dem er ebenfalls einen Wunsch überbringt.

Hinweis: Es sollte darauf geachtet werden, dass jedem Teilnehmer ein Wunsch zugesprochen wird.

Variante 1: Die Teilnehmer stellen sich mit ihrem Namen vor, bevor sie einen Wunsch äußern.

Variante 2: Alle Teilnehmer stehen im Kreis. Wer begrüßt wurde, darf sich setzen.

Wirrwarr (Turmbau zu Babel)

Material: Textvorlagen, Papier, Stifte

Durchführung: Jeweils zwei Teilnehmer stehen einander in einer Entfernung von ca. 10 Metern gegenüber. Der eine Partner erhält einen kurzen Text, der andere erhält Papier und einen Stift. Auf das Startzeichen des Gruppenleiters hin diktieren die Partner, die den Text haben, ihrem Gegenüber den Text. Die Partner müssen versuchen, das Diktierte aufzuschreiben. Da jedes Paar einen anderen Text hat und man verschiedene Stimmen nebeneinander und laut hört, werden die aufgeschriebenen Texte kaum mit dem diktierten Text übereinstimmen. Das Sprachwirrwarr wird so vor der Behandlung der Geschichte anschaulich.

Spirale   (Psalmen)

Material: Kopiervorlagen, Textvorlagen, Stifte, Scheren, Bibeln

Durchführung: Der Gruppenleiter hat Kopiervorlagen mit einer Spirale vorbereitet. Entweder die Teilnehmer erhalten eine Textvorlage oder sie suchen sich aus der Bibel einen Psalm aus, der sie besonders anspricht. Dieser Text wird nun von außen nach innen in die Spirale geschrieben. Entlang der Linien wird die Spirale eingeschnitten. Am Mittelpunkt fädelt man einen Faden ein, so dass die Spirale aufgehängt werden kann.

Hinweis: Die Spirale veranschaulicht durch ihre Form die Dynamik eines Spruches. Sätze, Gedanken, Psalmen, Worte werden vertieft und in sich und in uns bewegt. Das Schreiben in Spiralform schafft darüber hinaus Stille. Werden z. B. Kernsätze einer Geschichte herausgeschrieben, so beginnt man außen mit dem Schreiben; dadurch steht der wichtigste Satz in der Mitte.

Diese Spiralen eignen sich auch als Merkhilfen.

Wo steht was?   (Bibel)

Material: vorbereitete Zettel mit Bibelsprüchen und den dazugehörigen Bibelstellen, Bibeln in ausreichender Anzahl

Durchführung: Der Gruppenleiter verteilt Zettel, auf denen entweder Bibelsprüche oder Bibelstellen angegeben sind. Die Teilnehmer finden sich paarweise zusammen. Wer nicht weiß, welche Bibelstelle zu welchem Spruch gehört, schaut in der Bibel nach.

Variante: Verschiedene biblische Geschichten werden dem Alten bzw. dem Neuen Testament zugeordnet.

Material: Todesanzeigen, Plakate, Stifte

Durchführung: In einigen Todesanzeigen liest man: »Er schlief nach einem erfüllten Leben ein.« – »Sie war stets zufrieden und glücklich in ihrem Leben.« Die Gruppe tauscht sich zunächst über die Begriffe »erfüllt«, »zufrieden« und »glücklich« aus. Was möchte/muss ich in meinem Leben erreicht, erlebt, gemacht haben, damit ich irgendwann einmal sagen kann, es war erfüllt? Was sollte geschehen, dass ich sagen kann, ich habe mein Leben gelebt? Die Teilnehmer schreiben ihre »Erfüllungen« auf kleine Plakate und legen diese auf dem Boden ab. In einer Ecke des Raumes legt der Gruppenleiter zusätzlich ein Plakat mit der Aufschrift »Anfang«, in der gegenüberliegenden Ecke eines mit der Aufschrift »Ende« ab. Die Teilnehmer gehen nun durch den Raum und überlegen, welche »Erfüllungen« sie für ihr Leben »brauchen«, damit sie sagen können, sie haben glücklich und erfüllt gelebt.

Anschließend geht jeder »seinen« Lebensweg vom Anfang bis zum Ende, indem er die »Erfüllungen« aufsucht, die ihm wichtig sind und diese den anderen dabei laut vorliest.

Variante: Die Teilnehmer schreiben ihren Lebensweg auf und versuchen, eine zeitliche Abfolge aufzustellen. Gibt es Dinge, die wir vergessen haben bei einem erfüllten Leben? Ist mein Leben wirklich nur dann erfüllt, wenn ich all das erreicht habe? Welche Gefühle würde ich angesichts des Todes haben (können), wenn ich auf ein »erfülltes« Leben zurückblicke?

Kuchenstück   (Helfen/Teilen)

Material: Kopiervorlagen mit einem in 12 Segmente unterteilten Kreis, Scheren

Durchführung: Jeder überlegt, was er mit jemandem teilen könnte bzw. womit er jemandem helfen könnte. Zum Beispiel: Ich kann dir die Matheaufgaben erklären. Ich kann dich nach der Schule nach Hause begleiten. Ich leihe dir mein Kartenspiel usw. Die Einfälle notiert jeder Teilnehmer in jeweils einem Segment. Zusätzlich schreibt er in jedes Segment seinen Namen. Die Kreissegmente werden ausgeschnitten und wieder zu einem Kreis zusammengelegt.

Die Teilnehmer gehen umher und schauen sich die einzelnen Kreise der anderen Teilnehmer an. Gibt es da etwas, das ich gebrauchen könnte? Wessen Hilfe könnte ich beanspruchen? Wenn jemand einen Teilnehmer um Hilfe bittet, bekommt er von ihm das entsprechende Kreissegment.

Coole Sprüche   (Soziales Lernen)

Material: Zettel, Stifte, zwei Körbe

Durchführung: Jeder Teilnehmer notiert auf einem Zettel seinen Namen und wirft ihn in einen Korb. Auf einem anderen Zettel notiert er einen typischen Anmachspruch, einen sogenannten »dummen Spruch«, einen Ausspruch, der verärgert. Diese Zettel werden in den zweiten Korb gelegt.

Ein Teilnehmer zieht nun aus beiden Körben jeweils einen Zettel und liest sie vor. Derjenige Teilnehmer dessen Name vorgelesen wurde, soll nun einen »coolen Spruch« gegen die Anmache finden, eine Reaktion, die demjenigen mit dem »dummen Spruch« den Wind aus den Segeln holt. Es ist darauf zu achten, dass der »coole« Spruch nicht verletzend ist, sondern eher verblüfft.

Beispiel: Du Rotznase – Danke, dass du mich darauf aufmerksam machst, kannst du mir bitte mal dein Taschentuch leihen.

Positionspapier (Josef)

Material: Kopien von Josef und Potifar, Stifte

Durchführung: Der Gruppenleiter hat Kopien vorbereitet, auf denen entweder Josef oder Potifar mit einer leeren Sprechblase abgebildet ist. Die Gruppenmitglieder finden sich paarweise zusammen. Jeder übernimmt nun »seine« Rolle als Josef oder Potifar und füllt die Sprechblase mit einem typischen Satz aus. Anschließend spielen die Paare ihre kurzen Dialoge den übrigen Teilnehmern in einer kleinen Szene vor.

Papierberg (Kritik)

Material: Papier, Stifte

Durchführung: Jeder Teilnehmer erhält ausreichend Papier. Auf die eine Seite eines Blattes schreibt er den Namen des Teilnehmers, den er kritisieren möchte. Auf die andere Seite schreibt er die seiner Meinung nach berechtigte Kritik. Dann geht ein Teilnehmer zu demjenigen, den er kritisieren möchte, trägt seine Kritik vor, zerknüllt das Blatt und legt es vor den Kritisierten. Auf diese Weise werden vor jedem Teilnehmer unterschiedliche Kritikberge aufgebaut. Anschließend beschäftigt sich jeder Teilnehmer intensiv mit seinem Kritikberg. Die Zettel werden entfaltet und es wird überlegt, ob die Kritik berechtigt ist, wie hart sie einen trifft und was man tun könnte, damit zukünftig Kritik dieser Art nicht mehr geäußert werden muss.

Variante: Um den einzelnen Teilnehmer nicht bloßzustellen, bzw. wenn die Gruppe noch nicht sehr vertraut miteinander ist, sollte der Kritikzettel lediglich vor der betreffenden Person abgelegt werden, die Kritik jedoch nicht laut geäußert werden. Hat sich der Einzelne dann für sich still mit der Kritik auseinandergesetzt, steht es ihm frei, sich dazu zu einem späteren Zeitpunkt vor der Gruppe zu äußern.

Geschenkpaket (Der Mensch – ein Geschenk Gottes)

Material: Paket, Notizzettel, Stifte, Plakat, Tesafilm

Durchführung: Der Gruppenleiter bereitet ein Päckchen vor. Nachdem es herumgereicht wurde und jeder eine Vermutung über den Inhalt angestellt hat, darf ein Teilnehmer das Paket öffnen. Inhalt des Pakets sind eingerollte Zettel mit den Namen aller Teilnehmer und den Namen von Personen, die für diese Gruppe bedeutsam sind. Jeder Teilnehmer entrollt einen Zettel und heftet ihn an ein Plakat oder eine Pinnwand. In weiteren Schritten wird überlegt:

a   Was kann ich mit der jeweiligen Person tun?
b   Warum sind diese Personen, diese Geschöpfe ein Geschenk für mich?
c   Warum ist mir der oder die einzelne so wichtig?
d   Was macht mich zu einem Geschenk für andere?

Metamorphose (Jakob)

Material: keines

Durchführung: Die Teilnehmer sitzen im Kreis. Sie haben gehört, dass Jakob seinen Bruder Esau betrogen hat. Ihre Aufgabe ist es nun, sich in die Rolle und die Gefühle des Betrogenen hineinzuversetzen. Da es jedoch meist sehr schwer fällt, Gefühle in Worte zu fassen, sollen diese pantomimisch ausgedrückt werden.

Jeder Teilnehmer nennt reihum seinen Namen und zeigt, was er tun bzw. fühlen würde, wenn er der betrogene Esau wäre. Zusätzlich ergänzt er den folgenden Satzanfang und fügt jeweils den eigenen Namen ein: »Ich bin Helena, aber wenn ich Esau wäre, ...«

Variante 1: In gleicher Form können die Teilnehmer sich mit den Empfindungen Jakobs auseinandersetzen.

Variante 2: Jeweils zwei Teilnehmer können die Gefühle von Jakob und Esau einander gegenüberstellen.

Hinweis: Es kann besprochen werden, welche alternativen Handlungs-möglichkeiten die Personen haben.

Diese Übung kann auch auf beliebige andere (biblische) Personen übertragen werden.

Gedankenspiel (Josef) 2B

Material: Plakatkarton, Stifte

Durchführung: Im Raum werden Plakate ausgelegt, die folgendermaßen überschrieben sind:

- »Wenn ich an Josef denke, dann fällt mir ein...«
- »Wenn ich an Potifar denke, fällt mir ein...«
- »Wenn ich an Benjamin denke, fällt mir ein...«
- »Wenn ich an den Vater denke, fällt mir ein...«

Die Teilnehmer schreiben auf die einzelnen Plakate, was ihnen einfällt, z. B. Erinnerungen an Szenen, Kommentare, Fragen etc.

Hinweis: Durch diese Übung wird einerseits die Geschichte erinnert, andererseits liefern die Plakate Ansatzpunkte für weitere Gespräche.

Ebenso wie zur Josefsgeschichte kann mit dieser Methode auch zu jeder anderen (biblischen) Geschichte gearbeitet werden.

Material: Arbeitsblatt mit Bibeltext oder mit den unten angegebenen Sätzen

Durchführung: Die Teilnehmer überlegen, welche Sätze des Bibeltextes auf Jakob, welche auf Esau zutreffen. Sie schneiden die Sätze aus und kleben sie in eine Tabelle.

Variante: Wem das Ausschneiden und Aufkleben zu zeitaufwendig ist, der markiert die Sätze in zwei verschiedenen Farben.

Hinweis: Beide Methoden können auch miteinander kombiniert werden. Die Teilnehmer unterstreichen die Sätze zunächst farbig und ordnen sie dann in einer Tabelle ein.

Sätze für Esau:
- Einer war rötlich und über und über mit Haaren bedeckt wie mit einem Fell.
- Er war ein Mann des freien Feldes, der sich auf die Jagd verstand.
- Der Vater hatte ihn lieber, denn er aß gerne Wild.
- Er sagte zu seinem Bruder: »Gib mir doch etwas zu essen, ich bin ganz erschöpft.«
- Ich sterbe vor Hunger. Was nützt mir da mein Erstgeburtsrecht.
- Segne auch mich, Vater. Hast du denn wirklich nur einen einzigen Segen?
- Er hat mich jetzt schon zweimal betrogen.
- Ich werde meinen Bruder umbringen.

Sätze für Jakob:
- Seine Hand hielt bei der Geburt die Ferse des Bruders fest, daher bekam er seinen Namen.
- Er war ein untadeliger Mann und blieb bei den Zelten.
- »Verkauf mir dein Erstgeburtsrecht!«
- »Aber mein Bruder ist behaart, und ich habe eine glatte Haut. Vielleicht betastet mich mein Vater und entdeckt den Betrug.«

Gutschein (Zeit)

Material: Papier, Stifte

Durchführung: In der Gruppe wird nachgedacht über Zeitverwendung und Zeitverschwendung. Ausgangspunkt sind folgende Fragen: Wie nutze ich meine Zeit? Wo vergeude ich unnötig Zeit? Für wen oder was nehme ich mir Zeit? Jeder von uns hat ein unterschiedliches Zeitempfinden. Viele klagen über die Hektik des Alltags. Zeit soll als ein Geschenk begriffen werden, als ein kostbares Gut, das man auch mit anderen teilen sollte. Gerade Kindern wäre gemeinsam verbrachte Zeit oft wichtiger als ein neues Spielzeug.

Jeder Teilnehmer gestaltet einen Gutschein, auf dem steht: Ich schenke dir von meiner Zeit. Er entscheidet dann selbst, wie viel seiner Zeit er verschenkt, wem er sie schenkt und was in der geschenkten Zeit getan werden könnte.

Plakatwand (Kirche)

Material: Plakatkarton, Stifte

Durchführung: Der Gruppenleiter hat drei Plakate vorbereitet, auf denen jeweils eine Kirche abgebildet ist. Die Plakate tragen die Überschriften Gebäude, Gemeinde, Institution, womit die Bedeutungen von »Kirche« deutlich werden. Die Teilnehmer tauschen sich zunächst über die drei Bedeutungen des Wortes Kirche aus. Dann ordnen sie sich einem Plakat zu, das ihre Position und Beziehung zur Kirche am deutlichsten zeigt. Erlebe ich mich vor allem als Gemeindeglied? Erfahre ich Kirche vor allem bei Kirchenbesichtigungen an den verschiedensten Urlaubsorten? Denke ich zunächst an die Kirchensteuer und die Kirchenverwaltung?

Jede Kirchenzeichnung hat zwei Türen, die die Überschrift »Eintritt« bzw. »Austritt« tragen. Die Teilnehmer gehen nun von Plakat zu Plakat und überlegen, ob die Gemeinde für sie ein Grund ist, in der Kirche zu bleiben oder eher auszutreten. Ihre Entscheidung dokumentieren sie mit einem

Strich an der entsprechenden Tür. Ebenso verfahren sie bei den anderen Plakaten. Veranlasst die Institution Kirche eher zu Kirchenaustritten? Die Abstimmung wird in der Gruppe ebenso wie die Beweggründe für die eine oder andere Seite diskutiert.

In einem dritten Schritt wird die Kirchenzeichnung beschriftet. In den Boden der Kirche schreiben die Teilnehmer, was für sie das Fundament darstellt – immer bezogen auf die drei unterschiedlichen Bedeutungen. In den Kirchturm schreiben sie das, was die Kirche ihrer Meinung nach auf die Spitze treibt. In das jeweilige Kirchengebäude schreiben die Gruppenmitglieder die Aufgaben von Kirche als Gebäude, Gemeinde und Institution und stellen sich die Frage, wo sie selbst sich einbringen und mitarbeiten könnten.

Auf die Palme (Streit/Kritik) 2B

Material: Notizzettel in zwei unterschiedlichen Farben, Stifte, Plakat mit dem Bild einer Palme

Durchführung: Jeder Teilnehmer überlegt, was ihn auf die Palme bringt und beschriftet damit einen Zettel in einer Farbe. Diesen Zettel bringt er an der Palmenzeichnung an. Dabei entscheidet er selbst über die Höhe, mit der er zum Ausdruck bringt, wie sehr ihn diese Sache in der Regel auf die Palme bringt. Die übrigen Teilnehmer lesen die Zettel. Wenn sie für einzelne ein Angebot bzw. eine Hilfestellung haben, schreiben sie dies auf die andersfarbigen Notizzettel und heften den Zettel zum entsprechenden Problem. Hilft dieses Angebot dem Teilnehmer dabei, wieder ein Stück von der Palme runter zu kommen, heftet er seinen Zettel niedriger oder nimmt ihn sogar ganz ab.

Anschließend tauscht sich die Gruppe im Plenum über die Hilfsangebote aus, bespricht ähnliche Empfindungen und überdenkt Möglichkeiten, um für Probleme Abhilfe zu schaffen. Sie denkt auch über Möglichkeiten der Selbstinstruktion nach. Welche alternativen Reaktionsmöglichkeiten habe ich, wenn mir bewusst ist, was mich auf die Palme bringen kann?

Blume (Dank)

Material: Tonkarton, Stifte, Schere, Klebstoff

Durchführung: Die Teilnehmer zeichnen einen Blütenstängel, zwei Blätter und eine Blüte mit mehreren Blütenblättern. Eventuell hat der Gruppenleiter auch Schablonen vorbereitet. Die einzelnen Teile werden auseinandergeschnitten und zu einer Blume zusammengeklebt. In die Mitte der Blume schreiben die Teilnehmer das Wort »Danke«. In die einzelnen Blütenblätter können sie nun entweder Namen von Menschen schreiben, denen sie »Danke« sagen wollen, oder aber auch Dinge, für die sie »Danke« sagen wollen.

Variante: Die Blume kann auch leicht zu einer Freude-, Wünsche- oder Hoffnungsblume »umfunktioniert« werden.

Hand (Hände/Gemeinschaft)

Material: Fingerfarbe, Plakatkarton, Stifte, zwei Schachteln

Durchführung: Die Teilnehmer setzen sich auf intensive Weise mit ihren Händen auseinander:
- Hände betrachten, fühlen
- raten, zu wem welche Hand gehört
- pantomimisch darstellen, was man mit seiner Hand alles machen kann
- Hände anmalen, ausschneiden, beschriften
- Hände bemalen und aufdrucken (Gemeinschaftsbild)
- nachdenken über die Sätze: »Das liegt in deiner Hand./
  Das liegt in Gottes Hand.«
- mit den Händen »sehen«, Dinge erfühlen
- Hände in unterschiedlichen Formen malen: zur Faust geballt,
  den Daumen ausgestreckt usw.
- Hände erzählen von ihrem Tun

Die Teilnehmer legen ihre Hand auf ein Stück Papier, umfahren sie und schneiden sie anschließend aus. In die Hand schreiben sie ihren Namen. Diesen Vorgang wiederholen sie noch einmal, so dass jeder zwei Hände hat. Diese Hände werden in zwei Schachteln gesammelt.

Der Gruppenleiter bereitet zwei Plakate vor mit den Aufschriften: »Ich brauche Hilfe« und »Ich helfe«.

Benötigt nun ein Gruppenmitglied während einer Gruppenstunde einmal Hilfe, heftet es seine Hand auf das Plakat »Ich brauche Hilfe« und die Hand desjenigen, von dem die Hilfe erwünscht wird, auf das Plakat »Ich helfe«. Der Teilnehmer, dessen Hand auf dieses Plakat geheftet wird, kann dann zum anderen hingehen und seine Hilfe anbieten.

Hinweis: Die Teilnehmer werden durch die Betrachtung ihrer Hände in symbolisches Denken eingeführt. Sie erfahren, dass man mit Händen etwas be-greifen, er-fassen kann, dass Hände Haltungen und Handlungen auf-zeigen. Sie erkennen, dass Hände Handlungen erfordern.

Telegramm (Mose) 3B

Material: Kariertes oder rautiertes Papier, auf dem eine bestimmte Anzahl an Kästchen markiert ist

Durchführung: Am Ende einer thematischen Einheit schreiben die Teilnehmer ein Telegramm mit einer vorher durch Kästchen festgelegten Anzahl von Buchstaben. Inhalt des Telegramms sind die wichtigsten Erfahrungen zum Thema. Die Telegramme werden gesammelt und an einer Wand als Rückmeldung zum Lesen für alle ausgehängt.

Sensationeller Fund am Nil. Stopp. Kind überlebte im Schilfkorb. Stopp. Tochter überglücklich. Name: Mose. Stopp

Bist du du und bin ich ich? (Personen)

Durchführung: Zwei Teilnehmer werden vor die Tür geschickt. Ein Teilnehmer wird hereingerufen und erfährt, welche Persönlichkeit er ist, z. B. Martin Luther. Der andere Teilnehmer wird darüber informiert, dass er z. B. Hildegard von Bingen ist. Die beiden Teilnehmer selbst wissen jeweils nicht, wen der andere darstellt, sollen dies jedoch im Gespräch miteinander herausfinden.

Variante: Die Teilnehmer erfahren, wem sie begegnen, wissen jedoch nicht, wen sie selbst darstellen, und sollen dies mit geschickten Fragen herausfinden.

Umschreibung (biblische Geschichten) 3B

Material: Papier, Stifte

Durchführung: Der Gruppenleiter hat zu verschiedenen (biblischen) Geschichten kurze Schlagzeilen oder Überschriften aufgeschrieben. Die Teilnehmer sollen herausfinden, um welche (biblische) Geschichte es sich handelt.

Beispiele:
Geschäftsessen mit einem Verräter (letztes Abendmahl)
Später Kindersegen mit 90 (Abraham)
Schiffbrüchiger spurlos verschwunden (Jona)
Seltsamer Fund am Nil (Mose)
Obstgenuss hatte schwerwiegende Folgen (Adam und Eva)

Variante: Die Teilnehmer finden selbst Schlagzeilen und lassen die Gruppe raten.

Material: keines

Durchführung: Jeder Teilnehmer überlegt sich, in welche (biblische) Person er schlüpfen möchte, und denkt dann über die entsprechende Person nach. Nach einem ersten Selbstgespräch finden sich dann mehrere Teilnehmer zusammen und beginnen ein Rundgespräch, bei dem jeder weiter über sich als die gewählte Person spricht. Eventuell gibt der Gruppenleiter für dieses Rundgespräch eine Situation vor, z. B. »Damals in Jerusalem...«

Die Teilnehmer sollen nach dem Rundgespräch herausgefunden haben, welche Personen die anderen verkörpern.

Silbenrätsel   (Martin Luther)   3B

Material:

Durchführung:

eis – gus – berg – ge – ter – berg – ab – fe – sen -le - ar – be – pries – ben – furt – ti – brie – wart – er – ner – wit – lass – the – bul – tag – jun – burg – lüb - au-ten – le – reichs – acht – ker – jörg – klos – bei – de – tet – ter – ter – mönchs -reichs

1   Wo wurde Martin Luther geboren? (Eisleben)
2   Wohin geht Martin Luther nach dem Schulabschluss im Jahr 1501 zum Studium? (Erfurt)
3   Welchen Beruf übte sein Vater aus? (Bergarbeiter)
4   Wie heißt das Kloster, in das Martin Luther im Jahre 1505 eintritt? (Augustinerkloster)
5   Nach einjähriger Probezeit legt er etwas ab? (Mönchsgelübde)
6   Als Mönch will Luther so leben, dass es Gott gefällt. Er fastet, schläft wenig und ... viel. (betet)

7 Im Kloster wird Martin zum ... geweiht. (Priester)
8 In welchem Ort unterrichtet er als Doktor der Theologie?
(Wittenberg)
9 Zu damaliger Zeit verkaufte ein Papst... (Ablassbriefe)
10 Darüber ist Luther entrüstet. Er schreibt seine Meinung auf.
Wie nennt man die 95 Sätze, die Luther am 31.10.1517 an die Tür
der Schlosskirche zu Wittenberg hängt? (Thesen)
11 Daraufhin droht ihm der Papst in einem Schreiben den Ausschluss
aus der Kirche an. Wie nennt man dieses Schreiben? (Bulle)
12 Vor wem macht Luther den Ausspruch: »Hier stehe ich. Gott helfe
mir. Amen.« (Reichstag)
13 Was verhängt Kaiser Karl V. über Luther? (Reichsacht)
14 Wohin lässt ihn der Kurfürst Friedrich von Sachsen bringen?
(Wartburg)
15 Luther lässt sich einen Bart wachsen und ist bekannt als ...
(Junker Jörg)

Schreibgespräch   (biblische) Personen   3B

Material: Papier, Stifte

Durchführung: Das Schreibgespräch dient der Zusammenfassung des
Lebens einer (biblischen) Person in kleinen Gruppen mit 4-5 Teilnehmern. Die Teilnehmer schreiben einen Satz auf, dann wird das Papier so
umgeknickt, dass dieser Satz nicht mehr sichtbar ist. Das Papier wird
weitergereicht, bis jeder Teilnehmer jeweils einen Satz ergänzt hat ohne
die vorherigen Sätze zu kennen. So entsteht ein kleines gefaltetes »Re-
ferat« aus den verschiedenen Gruppen, das zeigt, was für die Teilnehmer
wichtig und interessant war. Fehler bzw. Lücken werden im anschließenden Gespräch ausgeglichen.

Variante 1: Die Kleingruppen beschäftigen sich alle mit der gleichen (biblischen) Person und fassen ihre Kurzreferate zu einem gemeinsamen Re-
ferat über das Leben der betreffenden Person zusammen.

Variante 2: Die Kleingruppen beschäftigen sich mit verschiedenen Personen. Jede Kleingruppe kennt nur die eigene Person. Die Sätze, die auf dem Papier ergänzt werden, dürfen den Namen der betreffenden Person nicht preisgeben. Nach Erstellung des Kurzreferates lesen die einzelnen Gruppen ihre Texte vor und die übrigen raten, welche Person beschrieben wurde.

ABC-Spiel   (Personen der (Welt-)Religionen)   3B

Material: Papier, Stifte

Durchführung: Ein Teilnehmer sagt stumm das ABC auf. Ein anderer Teilnehmer sagt »Stopp«. Zu dem nun genannten Buchstaben sollen die Teilnehmer die Namen all der Personen aufschreiben, die ihnen aus dem Gebiet der Weltreligionen einfallen.

Beispiel:
M
Mohammed, Maria, Markus, Matthäus, Martin, Magdalena, Mose

Dreiersingen   (Lieder)   3B

Material: eventuell Liedblätter

Durchführung: Ein Lied aus der Gruppenstunde oder dem Religionsunterricht wird ausgewählt. Das Lied wird reihum gesungen. Ein Teilnehmer beginnt, singt drei Worte, der nächste singt die nächsten drei Worte usw.

Material: Papier, Stifte

Durchführung: Die Teilnehmer teilen sich in Kleingruppen mit ca. sechs Personen auf. Jeder Teilnehmer erhält ein DIN-A4-Blatt und einen Stift. Zunächst schreibt jeder einen Satz zu der (biblischen) Geschichte ganz oben auf sein Blatt und gibt es dann an den rechten Sitznachbarn weiter. Der Nächste liest das Geschriebene und übersetzt es in eine Zeichnung. Dann knickt er den Satz um und reicht das Papier ebenfalls nach rechts weiter. Der folgende Teilnehmer sieht nur das Bild und hat seinerseits die Aufgabe, es mit einem Satz zu überschreiben oder zu beschreiben. Der Nächste malt dann wieder ein Bild usw. Ist das Blatt wieder bei seinem Ausgangspunkt angekommen, faltet der Teilnehmer es auf und beschäftigt sich zunächst eine Weile still mit der Text-Bild-Übersetzung. Dann stellt er der Gruppe sein Blatt mit den Texten und Zeichnungen vor.

Telegramm   (biblische Geschichten/ethische Themen)   3B

Material: Papier, Stifte

Durchführung: Der Gruppenleiter gibt ca. sieben Stichwörter zu einem Thema oder einer (biblischen) Geschichte vor. Jeder Teilnehmer versucht, aus den Wörtern ein Telegramm zu formulieren, wobei er nicht mehr als zehn weitere Wörter ergänzen darf.

Beispiel:
Adam, Eva, Paradies, Apfel, Schlange, Vertreibung, Verbot

Verführung durch die Schlange.
Trotz Verbot Apfel gegessen.
Vertreibung aus dem Paradies erfolgt.
Adam und Eva

Material: kariertes Papier, Stifte

Durchführung: Ein Teilnehmer beginnt damit, einen Kernbegriff zum Islam auf das karierte Papier zu schreiben. Dabei ist darauf zu achten, dass pro Buchstabe auch ein Kästchen verwendet wird. Der nächste Teilnehmer ergänzt dann über Kreuz einen weiteren zentralen Begriff, indem er einen schon vorhandenen Buchstaben mitbenutzt.

Beispiel:

```
                                        P
                                        R
                                        O
                                        P
                                        H
                    M   O   S   C   H   E   E
                    U                       T
                    S
                    L
                    I
            I       M
        K   S   U   R   E
        O   L
        R   A
M   O   H   A   M   M   E   D
E       N
K
K
A
```

Material: keines

Durchführung: Jeder Teilnehmer entscheidet sich für eine (biblische) Person. Diese beschreibt er dann den übrigen Teilnehmern in Kurzform, wobei er wahre und erfundene Informationen vermischt. Aufgabe der Zuhörer ist es, die falschen Aussagen herauszufinden und die beschriebene Person zu erraten. Ist die beschriebene Person erraten, erzählt der Teilnehmer seine Personenbeschreibung noch einmal:

a   Er erzählt sie in der gleichen Fassung wie zuvor. Wenn die Teilnehmereine falsche Aussage hören, klopfen sie auf den Tisch oder:

b   Er erzählt nur die korrekte Personenbeschreibung.

Gemalte Assoziationen   (Begriffe/Symbole)   1B/2B

Material: Papier, Stifte

Durchführung: Der Gruppenleiter gibt verschiedene Begriffe wie z. B. Kreuz, Weg, Tür, Wasser oder Baum vor. Anschließend malt jeder für sich jeweils einen Begriff auf je einen Bogen Papier. Die Teilnehmer legen dann alle Zeichnungen zusammen. Aus der Betrachtung entwickelt sich ein Gespräch: Warum hat der eine den Weg so verschlungen dargestellt? Warum gibt es bei dem anderen Weg keinen Abzweig? Warum trägt der Baum bei dem einen Gruppenmitglied keine Blätter? Warum ist er bei einem anderen umgeknickt?

Klecksbilder   (Phantasie/Kreativität) 1B/2B

Material: Papier, Tinte, Stifte

Durchführung: Die Teilnehmer experimentieren mit Papier und Tinte, indem sie etwas Tinte auf das Papier geben und dann mit einem anderen Blatt Druck auf das Papier ausüben. Genauso gut kann das mit Tinte bekleckste Papier auch in der Mitte gefaltet werden. Wie beim Rorschach-Test sollen die Teilnehmer nach Deutungen für die Klecksereien suchen bzw. sie in Verbindung zum Thema bringen.

Traumteppich   (Gefühle/Träume) 1B/2B

Material: Wolldecke oder Leintuch, Triangel oder Stimmgabel

Durchführung: Der Gruppenleiter breitet eine Wolldecke oder ein Leinentuch auf dem Boden des Gruppenraumes aus und erklärt den Namen Traumteppich. Ein Teilnehmer legt sich auf den Traumteppich und schließt die Augen. Der Gruppenleiter schlägt die Triangel oder Stimmgabel an und nennt ein Gefühl, eine Situation. Der Teilnehmer träumt zu dem genannten Begriff so lange, bis der Klang der Triangel verhallt ist. Dann öffnet er die Augen wieder und erzählt von seinen Assoziationen und Träumen, seinen inneren Bildern.

Hinweis: Die Teilnehmer können auch versuchen, sich in eine andere Person hineinzuversetzen.

Material: beklebter Schuhkarton als Kummerkasten, Notizzettel, Briefumschläge, für jeden Teilnehmer einen Bleistift oder Kugelschreiber (damit nicht zu erkennen ist, wer was geschrieben hat)

Durchführung: Die Teilnehmer notieren eines ihrer Probleme oder beschreiben ihre Sorgen, Nöte und Fragen, so wie man es immer wieder in Zeitschriften lesen kann. Diese Briefe werden dann in Briefumschläge gesteckt, mit einem Zeichen versehen und in den Kummerkasten geworfen. Nach einem bestimmten Zeitraum wird der Kummerkasten geleert und jeder Teilnehmer erhält einen »Problembrief«. Aufgabe jedes Teilnehmers ist es, einen beratenden, helfenden Antwortbrief zu schreiben. Dieser wird zusammen mit dem Problembrief zurück in den Umschlag gesteckt. Jeder Teilnehmer kann sich dann seinen Antwortbrief, den er am Zeichen auf dem Briefumschlag erkennt, herausnehmen. Auf diese Weise bleiben die Schreiber sowohl der Kummer- als auch der Antwortbriefe anonym.

Hinweis: Das Sammeln der Briefe im Kummerkasten sollte über einen längeren Zeitraum hinweg geschehen, weil nicht jeder Teilnehmer in der Lage ist, sich seine Probleme von der Seele zu schreiben oder den einen oder anderen momentan überhaupt kein Problem bedrückt. Auf jeden Fall sollte es vermieden werden, »Probleme« herbeizureden.

Material: Briefumschläge, Notizzettel, Stifte

Durchführung: Jeder Teilnehmer ergänzt auf einem Notizzettel die folgenden Sätze:

Ich bin...
Ich mag...
Ich mag nicht...
Ich kann besonders gut...!
und steckt den Zettel in einen Briefumschlag.
Danach gehen alle Teilnehmer durch den Raum (eventuell begleitet von leiser Musik) und tauschen mehrmals untereinander die Briefumschläge aus. Auf ein vorher vereinbartes Zeichen des Gruppenleiters bleiben alle stehen und öffnen den Umschlag, den sie gerade in der Hand halten.

Jeder liest die Sätze durch und versucht herauszufinden, wer dieses »Ich« ist. Kann er die Sätze einer Person zuordnen, übergibt er den Zettel dem vermeintlichen Besitzer. Bei falscher Zuordnung kommt der Zettel erneut in den Umschlag. Alle Umschläge, die nicht richtig übergeben werden konnten, werden in einer weiteren Bewegungsrunde getauscht.

Haben alle wieder »ihre« Zettel erhalten, sagen die einzelnen Teilnehmer etwas über ihre Erfahrungen beim Spiel und über die Aussagen auf ihrem Zettel.

Den übrigen Teilnehmern sind an dieser Stelle Rückmeldungen zur Selbsteinschätzung bzw. –darstellung erlaubt.

Material: Papier, Stifte

Durchführung: Die Teilnehmer stellen sich vor, Gott könnte von ihnen Post erhalten. Sie formulieren einen Brief an Gott. Die Briefe werden als Wandzeitung ausgehängt. Nachdem alle Teilnehmer sie lesen konnten, werden die Briefe in eine Ordnung gebracht. Welche Briefe enthalten ein Lob/einen Dank? Welche formulieren eine Bitte, welche Fragen und welche (An-)Klagen? Anschließend lesen die Teilnehmer in den Psalmen und vergleichen mit ihren eigenen Briefen.

Psalmverse, z.B.:
Ps 22, 7-8
Ps 22, 13 u. 14
Ps 22, 15
Ps 22, 16a
Ps 69, 5
Ps 69, 9
Ps 69, 21 b

Die Teilnehmer werden in den Psalmen ähnliche Worte finden wie in ihren eigenen (Klage-)Briefen.

Nach den Klagepsalmen sollten mit den Teilnehmern auch Lobpsalmen gelesen werden.

Bewegte Gefühle   (Gefühle ausdrücken)   1B/2B

Material: Kassette mit ruhiger Musik, z. B. Meditationsmusik

Durchführung: Die Teilnehmer bewegen sich zur Musik durch den Raum.
Plötzlich stoppt der Gruppenleiter die Musik und nennt ein Gefühl. Für
die Zeit des Musikstopps stellen die Teilnehmer dieses Gefühl dar, spielen
Szenen oder improvisieren Bewegungen. Das kann einzeln oder mit anderen gemeinsam geschehen. Sie gehen z. B. wütend aufeinander zu, berühren
ein Gruppenmitglied zärtlich oder schütten sich vor Lachen aus. Bei ein-
setzender Musik gehen wieder alle ruhig durch den Raum. Im anschließenden Plenum tauschen sich die Teilnehmer über ihre Gefühle bei der
Darstellung aus. Welches Gefühl konnte ich leicht darstellen? Wobei habe
ich mich unwohl gefühlt? Wurden einzelne Gefühle vielleicht ganz unter-
schiedlich dargestellt?

Partnerwahl   (Freundschaft/Partnerschaft)   1B/2B

Material: Zeitschriften, Scheren, Plakate, UHU

Durchführung: Die Gruppe teilt sich in Kleingruppen mit ca. vier Teilnehmern auf. Jede Kleingruppe schneidet aus Zeitschriften Fotos und
Abbildungen von Männern und Frauen (eventuell auch Tieren) in belie-
biger Anzahl aus. Anschließend wird gemeinsam überlegt, wer aufgrund
seines Alters, seiner vermuteten Eigenschaften, Interessen usw. mit wem
ein Paar bilden oder eine Freundschaft pflegen könnte.
    Die Teilnehmer tauschen sich in der Kleingruppe über entsprechende
Kriterien aus. Die gefundenen Paare werden nebeneinander auf ein Plakat geklebt.
    Die Kleingruppen stellen einander ihre Paare vor und begründen die
Partnerwahl bzw. Zuordnung.

Variante 1:

Welche der Personen würde ich gerne kennen lernen? Und warum?

Variante 2:

Welche der Personen wirkt auf mich besonders tatkräftig?
Wie komme ich zu dieser Einschätzung?

Denkste

(Streit/Ich und die anderen/Selbst- und Fremdwahrnehmung/
Freundschaft und Partnerschaft)   1B/2B

Material: Papier, Stifte

Durchführung: Jeweils zwei Teilnehmer, die einander gut kennen und evtl. Streit miteinander haben, bilden ein Team. Jeder schreibt nun das auf, wovon er denkt, es könne den anderen an ihm stören.

Entweder tauschen sich die Zweierteams allein über das Geschriebene, die Empfindungen, Missverständnisse und (Fehl-)Einschätzungen, aus oder ein neutraler Dritter übernimmt die Funktion des Mediators.

Es wird deutlich, wie schnell man in seiner Denkweise danebenliegen kann und wie einfach man falsche Wahrnehmungen, Vermutungen oder Befürchtungen beseitigen kann.

Mimik weitergeben
(Selbst- und Fremdwahrnehmung/Gefühle)   1B/2B

Material: keines

Durchführung: Die Teilnehmer sitzen im Kreis. Ein Teilnehmer überlegt sich ein Gefühl und »zaubert« einen seiner Meinung nach passenden Gesichtsausdruck auf sein Gesicht, das er seinem Sitznachbarn zuwendet. Dieser versucht den gleichen Gesichtsausdruck auf seinem Gesicht dem nächsten Nachbarn zu zeigen. So wird eine bestimmte Mimik im Kreis weitergegeben. Am Ende versuchen die Teilnehmer zu erraten, zu welchem Gefühl dieser Gesichtsausdruck passen könnte.

Klopfgeist   (biblische) Begriffe   1B/2B

Material: keines

Durchführung: Jedem Buchstaben im Alphabet wird eine Zahl zugeordnet. Dem A die 1, dem B die 2 usw. Der Gruppenleiter beginnt die Buchstaben des zu ratenden Begriffes zu klopfen, wobei er darauf achtet, zwischen den Buchstaben eine ausreichend lange Pause zu machen. Für das Wort »Kirchenjahr« müsste er z. B. so klopfen:
     11x,9x,18x,3x,8x,5x,14x,10x,1x,8x,18x.

Hinweis: Diese Übung verlangt von den Teilnehmern ein hohes Maß an Konzentration.

Sprichwörter raten   (Sprichwörter/Psalmen)   1B/2B

Material: Wortkarten

Durchführung: Der Gruppenleiter hat Sprichwörter (aus der Bibel) ausgesucht und die einzelnen Worte eines Sprichwortes auf eine Karte, geschrieben, die an die entsprechende Anzahl von Teilnehmern verteilt werden. Ein Teilnehmer hat die Aufgabe, das Sprichwort zu erraten. Er richtet eine Frage an den ersten Teilnehmer. Dieser muss so antworten, dass in seiner Antwort das Wort seiner Wortkarte möglichst geschickt versteckt vorkommt.

Beispiel:
Sprichwörter 10, 12: »Hass weckt Streit, Liebe deckt alle Vergehen zu.«

Was ist dein Hobby?
Ich reite gerne. Aber meinen *Hass* zieht Stricken auf sich.
Gehst du gerne zur Schule?
Eigentlich ja, mich stört nur, dass mich meine Mutter deshalb jeden Morgen so früh *weckt*.
Was machst du in den Ferien?
Ich weiß noch nicht, deshalb gab es zu Hause schon eine Menge *Streit*.

Gute Worte – Gute Taten   (Ich/Du/Gefühle)   1B/2B

Material: keines

Durchführung: Jeweils zwei Teilnehmer sitzen einander gegenüber. Einer schließt die Augen, damit er sich besser auf die Worte des anderen konzentrieren kann. Der andere sagt dem anderen zwei Minuten lang in liebevoller Weise »gute« Worte. Das können ganze Sätze sein, aber auch nur einzelne Wörter, die positive Empfindungen auslösen. Nach zwei Minuten werden die Rollen getauscht.

Anschließend sprechen die Teilnehmer über ihre Erfahrungen und Gefühle während dieser Übung.

Variante: Ist die Gruppe bereits vertraut miteinander, können die Teilnehmer auch zarte Berührungen weitergeben.

Ist da wer?
(Ich und die anderen/Selbst- und Fremdwahrnehmung)   1B/2B

Material: Notizzettel, Stifte

Durchführung: Jeder Teilnehmer nimmt sich fünf Notizzettel und schreibt auf je einen Zettel seine Haarfarbe, auf einen anderen seine Augenfarbe, die (ungefähre) Größe und zwei weitere Merkmale seiner Wahl. Die Zettel aller Teilnehmer werden eingesammelt, gemischt und auf einen Stapel gelegt. Ein Teilnehmer beginnt. Er zieht die drei obersten Zettel und deckt sie vor der Gruppe auf. Die Zettel werden laut vorgelesen. Die Teilnehmer sollen nun durch genaues Beobachten herausfinden, ob es einen Teilnehmer in der Gruppe gibt, auf den alle drei Eigenschaften zutreffen. Danach zieht ein anderer die nächsten drei Zettel.

Hinweis: Es kann durchaus sein, dass ein Teilnehmer nicht damit einverstanden ist, dass ihm diese drei Eigenschaften zugeschrieben werden. Dann müssen die unterschiedlichen Standpunkte dargelegt und diskutiert werden.

Variante: Ein Teilnehmer zieht den obersten Zettel und liest ihn den übrigen Gruppenmitgliedern laut vor. Nun soll er die genannte Eigenschaft einem Teilnehmer zuordnen. Damit ihm dies leichter fällt, darf er insgesamt fünf Fragen an beliebige Mitglieder stellen – natürlich mit Ausnahme der Frage »Hast du das geschrieben?« Danach trifft er seine Zuordnung. Der ausgewählte Teilnehmer sagt, ob er diesen Zettel geschrieben hat oder nicht.

Material: Papier, Stifte, Tesakrepp

Durchführung: Jeder Teilnehmer schreibt eine Behauptung, die seiner Meinung nach auf ihn zutrifft, oben auf einen Zettel, z. B.: »Ich behaupte, dass ich hilfsbereit bin.« Der Gruppenleiter heftet dann jedem Teilnehmer diesen Zettel auf den Rücken. Die Teilnehmer gehen nun alle im Kreis umher und lesen die Behauptungen der einzelnen Teilnehmer. Stimmen sie einer Behauptung zu, malen sie dem Teilnehmer ein »+« auf sein Blatt, wenn nicht, malen sie ein »-« - und wenn sie nur eingeschränkt zustimmen, malen sie »O«. Haben alle Teilnehmer ihre Einschätzung zu den Behauptungen abgegeben, setzen sie sich wieder auf ihre Plätze und schauen sich ihren Zettel an. Wie viele Teilnehmer stimmen meiner Selbsteinschätzung zu? Wie geht es mir mit diesem Ergebnis? Wer möchte, spricht in der Gruppe über seine Empfindungen. Es steht außerdem jedem frei zu begründen, warum er einer Behauptung nicht zustimmen konnte. Derjenige erklärt dann seine Sichtweise, jedoch ohne den anderen zu verletzen.

Bewegtes Standbild   (Schuld/Vergebung)   1B/2B

Material: keines

Durchführung: Ein Teilnehmer wählt zu einem der Begriffe »Schuld« oder »Vergebung« eine bestimmte Haltung und versteinert dann. Ein weiterer Teilnehmer kommt hinzu, nimmt ebenfalls eine Position ein, die die erste ergänzen kann, und erstarrt dann ebenfalls. Zu dieser Skulptur können sich beliebig viele Teilnehmer zusammenfinden. Hat das so entstandene Bild eine Weile erstarrt gestanden, bewegt sich zunächst wieder nur ein Teilnehmer. Er stellt sich zu einem zweiten, eventuell gegensätzlich gewählten Begriff in Positur und verharrt dann wieder in dieser. Ein zweiter Teilnehmer reagiert darauf usw. So entsteht wieder eine neue Skulptur.

Sind beide Begriffe durch Standbilder dargestellt worden, können sich alle Teilnehmer bewegen, gleichzeitig, nacheinander, wie sie wollen. Es beginnt ein Gespräch miteinander.

Hinweis: Diese Übung kann auch andere Begriffe anschaulich machen.

Variante 1: Die Teilnehmer unterteilen sich in zwei Gruppen, die einander gegenüberstehen. Eine Gruppe stellt den Begriff der »Schuld« dar, die andere den der »Vergebung«. Beide Gruppen bewegen sich, reagieren aufeinander, wechseln eventuell die Seiten, entfernen sich voneinander. Auf ein Signal des Gruppenleiters hin erstarren wieder alle zu einem Standbild.

Variante 2: Nur ein Teil der Gruppe bildet eine Skulptur. Die anderen beobachten genau, wie die Skulptur zustande kommt und wie sie sich verändert. Danach werden die Aufgaben getauscht.

Gefühlsmensch (Gefühle)   1B/2B

Material: für jede Kleingruppe Packpapier und Filzstifte

Durchführung: Die Gruppe wird in Kleingruppen mit maximal fünf Teilnehmern aufgeteilt. Ein Teilnehmer legt sich auf das Packpapier, während ein anderer Teilnehmer die Körperumrisse nachzeichnet. Anschließend wird in den Kleingruppen überlegt, welche Gefühle der einzelne (häufig) verspürt. Die Gefühle werden in die Körperzeichnung geschrieben. Dabei soll das Gefühl an die Stelle im Körper geschrieben werden, wo man es am ehesten wahrnimmt, z. B. Wut im Bauch, die Schmetterlinge des Verliebtseins ebenfalls im Bauch, Angst, Beklemmung vielleicht im Herz usw.

Stellungnahme (Lob und Tadel)   1B/2B

Material: Papier, Stifte

Durchführung: Ein Teilnehmer wird vor die Tür geschickt. In der Zwischenzeit schreiben die anderen auf, was sie an dem entsprechenden Teilnehmer entweder loben oder tadeln möchten. Der Tadel wird eingeleitet mit dem Satz: Bitte sei nicht böse, aber es ist wichtig, dass ich dir das einmal sage...«. Die Zettel werden gesammelt. Der Teilnehmer, der vor der Tür steht, wird hereingerufen. Ihm werden alle Zettel von einem Teilnehmer oder dem Gruppenleiter vorgelesen. Dabei bleibt anonym, wer welche Äußerung getan hat. Der Teilnehmer kann aber fragen, warum man ihn in einer bestimmten Weise eingeschätzt hat. Ebenso sollte er sich bei einem Tadel für den Hinweis auf sein Verhalten bedanken.

Variante: Der Teilnehmer, der vor der Tür gestanden hat, bekommt alle Zettel vorgelesen und legt sie dann auf zwei Stapel ab, den einen für Zustimmung, den anderen für Ablehnung. Das heißt, er entscheidet bei Lob und Tadel, ob er die gemachte Äußerung gerechtfertigt findet. Anschließend begründet er seine Entscheidung, die auch von der Gruppe diskutiert werden sollte.

Zuordnungsspiel (Ich und die anderen)   1B/2B

Material: diverse Gegenstände

Durchführung: Alle Teilnehmer legen einen persönlichen Gegenstand unter einer Decke ab. Danach werden alle Gegenstände sichtbar auf der Decke ausgebreitet. Wer einen Gegenstand einem Teilnehmer zuordnen kann, bringt ihn dem Teilnehmer. Eventuell begründet er seine Wahl und Vermutung. Ist die Vermutung falsch, äußert er sich dazu, warum er gerade diesen Gegenstand der betreffenden Person zugedacht hat. Der Besitzer des Gegenstandes kann, wenn er möchte, erzählen, wieso er diesen Gegenstand ausgewählt hat oder welche Geschichte er damit verbindet.

Collage   (Der Weg des eigenen Lebens)

Material: Zeitschriften, Plakatkarton, Klebstoff

Durchführung: Die Gruppe wird in Kleingruppen unterteilt. Jede Gruppe sucht sich ein Lebensjahrzehnt aus. Aus den Zeitschriften werden dann Bilder ausgesucht, die zu dem jeweiligen Lebensabschnitt passen. Die Bilder werden ausgeschnitten und auf ein Plakat geklebt. Dabei können folgende Fragen leitend sein:

- Was würde ich mit 20, 30, 40 ... (gerne) tun?
- Welche Wünsche hatte bzw. werde ich mit 20, 30, 40 ... haben?
- Welche Menschen werden mich mit 20, 30, 40 ... begleiten?
- Was würde ich mit 20, 30, 40 ... gerne beruflich und privat erreicht haben?

Nach der Gruppenarbeit werden die Plakate in der richtigen Reihenfolge zu einem Lebensweg zusammengelegt. Die einzelnen Gruppen stellen ihre Collagen vor. Sehnsüchte, Träume und Schwierigkeiten einzelner Lebensabschnitte sind Diskussionsinhalt.

Wo gibt es Überschneidungen? An dieser Stelle kann auch deutlich gemacht werden, wie verschieden die Lebenswege der Menschen sind. Was der eine bereits mit 30 erreicht hat, erreicht der andere vielleicht erst mit 40. Wünsche, die einer mit 20 hat, existieren bei dem anderen überhaupt nicht usw.

Material: Geschichtentext, evtl. Rollenkarten

Durchführung: Der Gruppenleiter liest eine Geschichte vor oder erzählt sie frei. Die Teilnehmer spielen die Geschichte beim Hören spontan mit, indem sie in die Rollen einzelner Personen schlüpfen und die Handlungen nachvollziehen, deren Mimik und Gestik darstellen, Geräusche oder Tierlaute imitieren etc. Der Gruppenleiter achtet darauf, dass er ausreichend Vorlese- bzw. Erzählpausen lässt.

Variante 1: Der Gruppenleiter verteilt vor dem Vortrag der Geschichte Rollenspielkarten. Die Teilnehmer agieren immer erst dann, wenn »ihre« Person, »ihr« Tier in der Geschichte erwähnt wird.

Variante 2: Manche Geschichten haben sogenannte Schlüsselwörter, die immer wiederkehren. Mit der Gruppe wird vorher eine Bewegung vereinbart, die immer dann auszuführen ist, wenn das Schlüsselwort genannt wird.

Du hast mich durchschaut

(Ich und die anderen/Freundschaft/Selbst- und Fremdwahrnehmung)

Material: Abdeckfolie, Folienschreiber

Durchführung: Jeweils ein Teilnehmer legt sich auf die Abdeckfolie, während ein anderer seine Körperumrisse nachzeichnet. Danach schreibt jeder seinen Namen auf die Folie mit seinem abgebildeten Körper. Die Folien werden nebeneinander im Raum ausgelegt. Jeder Teilnehmer erhält einen Folienschreiber und geht von Folie zu Folie. Bei den einzelnen Personen soll jeweils in die Körperumrisse geschrieben werden, wie man selbst diese Person sieht und wie man sie kennen gelernt hat.

Für denjenigen, dem die Folie gehört, ist es sicher nicht immer leicht zu ertragen, dass andere einen oftmals anders einschätzen als man sich selbst beurteilen würde.

Nach dieser Schreibrunde stellt sich jeder Teilnehmer zu seiner Folie. Er liest zunächst, was ihm die anderen zu sagen haben. Danach erzählt er der Gruppe von sich. Bei Eigenschaften, denen er zustimmt, beginnen seine Sätze mit. »Du hast mich durchschaut, ich bin...«. Bei Eigenschaften, die er an sich selbst nicht sieht (oder wahrhaben will), sagt er: »Ich frage euch, bin ich...?« Die gesamte Gruppe ist dann zur Diskussion aufgefordert, nicht nur der Schreiber. Kann die Person nach den erfolgten Erklärungen zustimmen, sagt sie wieder: »Ihr habt mich durchschaut, ich bin...«. Kann der Betreffende jedoch immer noch nicht zustimmen, reicht es nicht, einfach eine ablehnende Haltung einzunehmen. Vielmehr sollte er zum Ausdruck bringen, dass er nun weiß, wie andere ihn wahrnehmen. Gemeinsam sollte überlegt werden, was der einzelne gegen dieses Fremdbild tun könnte.

Heiratsannonce Jesus   2B/3B

Material: Papier, Stifte

Durchführung: Jeder Teilnehmer soll eine zu Jesus passende Heiratsannonce schreiben. Was sollte unbedingt in dieser Annonce erwähnt werden?

Hinweis: Bevor die Teilnehmer eine Annonce formulieren, sollten verschiedene Anzeigentexte gelesen und besprochen worden sein. Ebenso benötigt die Gruppe Kenntnisse über die Person Jesu.

Variante: Eine Hälfte der Teilnehmer formuliert eine Annonce, wie sie Jesus zu seiner Zeit aufgesetzt hätte, die andere Hälfte formuliert einen Anzeigentext, der zu einem Jesus im Jahr 2000 passt.

Stellenangebot (Jesus)   2B/3B

Material: Papier, Stifte

Durchführung: Die Teilnehmer stellen sich vor, sie wären Chef einer Personalabteilung und hätten die Stelle als Jesus zu besetzen. Wie müsste die Stellenausschreibung lauten? Welche Anforderungen müssten die Bewerber erfüllen? Die Teilnehmer formulieren ihre Inserate und stellen sie im Plenum vor.

Variante: Ein Teil der Gruppe erstellt ein Inserat, wie es zu Lebzeiten Jesu hätte erscheinen können, der andere Teil übernimmt ein Inserat für den Jesus, der im Jahr 2000 gesucht wird. Gibt es Unterschiede und wenn ja, welche?

Flohmarkt   (Schöpfung)   2B/3B

Material: (je nach Gruppenideen individuell verschieden), Plakatkarton, Stifte

Durchführung: Jeder Teilnehmer überlegt sich, was er beim Thema Schöpfung konkret tun kann. Auf einem großen Plakat wird der Name des Teilnehmers, seine jeweilige Idee und falls möglich Ort und Zeit der Umsetzung angegeben. Nach ca. zwei Wochen wird in der Gruppe besprochen, ob schon jeder die Gelegenheit hatte, seine Aktivität auszuführen, in welchem Zusammenhang sie zum Thema stand und wie sie auf die einzelnen Teilnehmer gewirkt hat.

Beispiel:

Name	Aktivität	Ort/Zeit
Monika	Spinnen sind auch Lebewesen. Auch wenn du dich vor ihnen ekelst, ist es mir wichtig, dass du sie nicht einfach kaputt machst. Ich habe keine Angst vor Spinnen. Wenn du also welche siehst, sag mir Bescheid. Ich bringe sie dann für dich in den Garten.	jederzeit
Klaus	Flaschen gehören nicht in die Mülleimer. Bitte sammelt die Flaschen in einem gesonderten Behälter. Ich bringe sie dann in den Flaschencontainer.	vom 10.10.-20.10.

Streifengeschichte   (biblische Geschichten)   2B/3B

Material: Papierstreifen, Stifte

Durchführung: Jeder Teilnehmer schreibt zu einer biblischen Geschichte insgesamt 5-7 Sätze auf Papierstreifen. Die Satzstreifen werden gesammelt und so ausgebreitet, dass jeder jeden Text lesen kann. Nun stellt jeder Teilnehmer einen Text zusammen, für den er insgesamt sieben der aufgeschriebenen Sätze verwenden darf und von denen jeweils ein Satz dreimal an verschiedenen Stellen des neuen Textes vorkommen soll. Die verwendeten Textstreifen bleiben allerdings auf dem Boden liegen, so dass auch andere Teilnehmer die Textpassagen für ihren Text verwenden können.

Textbeispiel:
Jesus lebt!
Er ist wahrhaft auferstanden.
Sie fanden das Grab leer.
Jesus lebt!
Er hat das Kreuz auf sich genommen.
Ich bin bei euch alle Tage.
Jesus lebt!

Fingerspiel   (biblische) Geschichten   2B/3B

Material: Filzstifte

Durchführung: Die Teilnehmer finden sich in Kleingruppen zusammen, so dass jeder Teilnehmer eine Figur der besprochenen Geschichte übernehmen kann. Dazu malt er das Gesicht der Person auf eine seiner Fingerkuppen. Anschließend wird die Geschichte mit den Fingern nachgespielt, oder die Teilnehmer denken sich eigene Dialoge aus, die inhaltlich zur Geschichte passen.
Wer möchte, stellt sein Fingerspiel im Plenum vor.

Material: Pappe, Papier, Stifte, Klebstoff

Durchführung: Die Teilnehmer überlegen gemeinsam, welche Symbole, Gegenstände, Personen, Glaubensaussagen oder Orte zu einer der fünf großen Weltreligionen gehören. Dann werden die Motive unter den Teilnehmern aufgeteilt, die sie dann in zweifacher Ausfertigung malen. Die fertigen Memorykarten werden entweder auf Pappe geklebt und mit Klarsichtfolie überzogen oder laminiert. Die Karten werden verdeckt auf den Tisch gelegt, und die Teilnehmer müssen wie beim Memoryspiel Pärchen sammeln. Wer ein Pärchen aufgedeckt hat, darf noch einmal aufdecken. Der Teilnehmer mit den meisten Pärchen hat gewonnen.

Variante 1: Die Teilnehmer spielen nur mit den Memorykarten, die zu einer Weltreligion gehören.

Variante 2: Die Memorypaarkarten werden halbiert, so dass jede Sache nur einmal vorkommt. Die Karten werden auf einen Stapel gelegt. Reihum zieht nun jeweils ein Teilnehmer die oberste Karte und erzählt, was er dazu weiß. Ist das, was er erzählt, richtig, darf er die Karte (=1 Punkt) behalten. Kann er nichts zu dem Bild erzählen, gibt er die Karte an seinen rechten oder linken Nachbarn weiter.

Material: Papier, Stifte

Durchführung: Der Gruppenleiter nennt den Teilnehmern fünf Begriffe aus einem Themenkomplex, die diese auf einem Blatt Papier untereinander schreiben. Aufgabe der Teilnehmer ist es, zu jedem der genannten Begriffe vier weitere dazuzuschreiben, wovon drei mit dem Wort zusammenhängen sollen, während ein Begriff eine »Mogelpackung« ist.

Beispiel:
ADVENT: Kranz, Kerze, Ankunft, Bahnhof
WEIHNACHTEN: Geburt, Jesus, Maria, Isaak
OSTERN: Grab, Auferstehung, Abendmahl, fünf Frauen
PFINGSTEN: Geist, Regenbogen, Kirche, Geburtstag

Anschließend werden die Blätter im Kreis weitergereicht. Jeder Teilnehmer streicht eine »Mogelpackung« durch und gibt das Blatt weiter. Sind alle »Mogelpackungen« gefunden, liest der Teilnehmer, der gerade das Blatt in Händen hält, alle gefundenen Begriffe vor und die Gruppe rät die Mogelpackung. Der Teilnehmer kontrolliert auf dem Blatt, ob richtig durchgestrichen wurde. Dann nennt er die nächste Begriffssammlung.

Nachfragen, warum der eine oder andere »richtige« Begriff mit dem vorgegebenen Wort assoziiert wurde, sind jederzeit erlaubt.

Hinweis: Das Spiel kann auf jedes andere Thema übertragen werden.

Guiness Buch der Rekorde (Bibel) 2B/3B

Material: Papier, Stifte, Bibelausgaben, Konkordanzen, Sachbücher zur Bibel

Durchführung: Der Gruppenleiter gibt an Kleingruppen Aufträge der folgenden Art:

- Wer ist der älteste in der Bibel erwähnte Mann?
- Wer hatte die meisten Frauen? usw.

Mit Hilfe der Nachschlagewerke machen sich die Teilnehmer auf die Suche, wer zu den betreffenden Fragen die »Rekorde« hält. Nebenbei erfahren die Teilnehmer eine ganze Menge an biblischen Inhalten.

Pantomime (Worte Jesu) 2B/3B

Material: Kopie mit Bibelstellen für jeden Teilnehmer, Zitatkarten, Bibeln

Durchführung: Jeder Teilnehmer erhält ein Blatt, auf dem verschiedene Bibelstellen angegeben sind, die Worte Jesu beinhalten. Einzeln oder in Kleingruppen schreiben die Teilnehmer die entsprechenden Worte Jesu auf.

Danach geht jeweils ein Teilnehmer zum Gruppenleiter. Dieser zeigt dem Teilnehmer eine Zitatkarte, auf der eines der vorher herausgesuchten Jesusworte steht. Der Teilnehmer hat nun die Aufgabe, diese Aussage Jesu pantomimisch darzustellen. Die übrigen Teilnehmer raten – entweder mit Hilfe ihres Textblattes oder aus der Erinnerung heraus.

Geeignete Textstellen sind:

Joh 6,63	Mt 5,39	Lk 4,4	Mk 7,14-15
Joh 8,7	Mt 5,44	Lk 11,9	Mk 9,37
Joh 14,2	Mt 23,12	Lk 18,6	Mk 11,22

Buchstabenwahl   (Begriffe/Bartimäus)   2B/3B

Material: Papier, Stifte

Durchführung: Der Gruppenleiter gibt ein religiöses Thema, einen Begriff oder einen Personennamen vor. Jeder Teilnehmer schreibt anschließend die Buchstaben des Wortes untereinander auf ein Blatt. Der Begriff soll nun näher beschrieben werden, indem jeder Teilnehmer Sätze bildet, die jeweils mit dem Buchstaben anfangen, der am Zeilenanfang steht.

Beispiel:

B lind und ohne Hoffnung bin ich
A ber Freunde haben mir von einem
R abbi erzählt.
T äglich warte ich darauf, dass ich ihn kennen lerne, doch er war
I mmer noch nicht da
M eine Hoffnung hängt an diesem Jesus, und trotzdem
Ä rgere ich mich
U msonst, denn er hat mir geholfen und nun
S ehe ich wieder.

Druckerei   (Biblische Geschichten)   2B/3B

Material: Stempel, Papier

Durchführung: Mit Hilfe von Stempeln oder Druckbuchstaben drucken die Teilnehmer einen eigenen Text zum Thema Religion. Die Texte werden vorgelesen. Welcher der vorgelesenen Texte könnte so in der Bibel stehen?

Variante: Die Teilnehmer schneiden aus Zeitungen und Zeitschriften Buchstaben oder Wörter aus und kleben damit einen eigenen Text zusammen.

Tagesprotokoll (David)

Material: Bibel, Papier, Stifte

Durchführung: Die Teilnehmer sollen den Tagesablauf Davids aufschreiben. »Stell dir vor, du bist der Hirtenjunge David« oder »Stell dir vor, du bist König David...«

Hinweis: Es empfiehlt sich, die Gruppe in zwei Gruppen zu unterteilen. Die eine Gruppe ist dann zuständig für den Hirtenjungen, die andere für den König. Anschließend werden die Tagesabläufe diskutiert und miteinander verglichen.

Aus alt mach neu (Vater unser) 2B/3B

Material: Textvorlage, Papier, Stifte, Tipp-Ex

Durchführung: Die Teilnehmer erhalten eine Kopie mit dem Text des Vater unsers. Mit Tipp-Ex übermalen sie beliebig viele Textpassagen. Was »ausgepinselt« wurde, soll mit eigenen Worten ergänzt werden.

Beispiel:
Umwelt unser
hier auf Erden
geheiligt werde deine Schönheit,
deine Bäume gedeihen, deine Bäche fließen
wie hier im Süden so auch im Norden.
Unsere tägliche saubere Luft gib uns heute
und vergib uns unsere Umweltverschmutzung
wie auch wir vergeben dir das Waldsterben.
Und führe uns nicht in die Müllberge
sondern erlöse uns von den Umweltkatastrophen
denn unsere Natur ist die Schönheit und die Kraft
und die Herrlichkeit hier auf Erden.
Amen

Dialog schreiben   (biblische Geschichten)   2B/3B

Material: Bibeltext, Papier, Stifte

Durchführung: Die Teilnehmer entwickeln einzeln oder in Partnerarbeit
einen Dialog zwischen biblischen Personen. Entweder übernimmt jeder
Teilnehmer eine Person oder der Dialog wird gemeinsam überlegt.
   Anschließend tragen die Teilnehmer ihren Dialog der Gruppe vor.

Beispiel:
Josef und seine Brüder
Der will sich doch nur beim Vater einschleimen. Schau nur, wie der immer
rumläuft- nichts anderes trägt er als Markenklamotten.
Ihr seid ja nur neidisch auf mich.
Pah, Angeber, auf dich neidisch sein? Nie und nimmer!...

Jahr 2000   (biblische Geschichten)   2B/3B

Material: Textkopien, Papier, Stifte

Durchführung: Jeder Teilnehmer erhält die Kopie eines biblischen Textes. Aufgabe ist es, die Personen, Situationen und Verhältnisse in die heutige Zeit zu übertragen. So würde Paulus heute z. B. eine e-mail an die
Gemeinde in Korinth schicken.
   Die Teilnehmer lesen einander ihre Texte vor. Die Gruppe achtet
gemeinsam darauf, ob der Sinn des Textes nicht verändert wurde. Wer
nach dem Vortragen seinen Text noch mal überarbeiten möchte, erhält
dazu Gelegenheit.

Echt cool   (biblische) Geschichten   2B/3B

Material: Papier, Stifte, biblische Texte

Durchführung: Der Gruppenleiter wählt einen biblischen Text aus. Jeder Teilnehmer erhält den Text in Kopie. Anschließend soll jeder den Text in die Sprache übertragen, in der er mit seinen Freunden spricht.

Vergegenständlichung   (Freundschaft/Partnerschaft)   1B/2B/3B

Material: je nach Themenstellung verschieden

Durchführung: Zum behandelten Thema suchen die Gruppenmitglieder Gegenstände aus und bringen sie mit in die Gruppe. Aus den mitgebrachten Dingen wird dann ein Thementisch erstellt. Je nach Bedarf erläutern die einzelnen Teilnehmer ihren mitgebrachten Gegenstand oder erzählen, warum sie den Gegenstand mit dem Thema verbinden.

Beispiel: Thema »Freundschaft/Partnerschaft«
Ringe
(Liebes-)Briefe
Kinokarten, Eintrittskarten
Tagebuch
Gedichte
Kassetten, CDs
Fotos
Blumen, »Erinnerungsstücke«
Kalender
Zeichnungen

Jesusstraße   (Jesus)   1B/2B/3B

Material: Papierstreifen, Stifte

Durchführung: Die Teilnehmer bekommen den Auftrag, sich mit der Person Jesu auseinander zu setzen und in Lexika, Sachbüchern etc. nach Informationen zu suchen. Auf jeden Papierstreifen kommt eine Aussage, eine Information über Jesus. Anschließend werden alle gefundenen Informationen vorgelesen, so dass Doppelnennungen aussortiert werden können. Danach wird mit den verbleibenden Papierstreifen eine Straße gelegt, die in einer Ecke des Gruppenraums beginnt. Jeder geht diese Straße in Ruhe ab und liest die Texte.

Hinweis: Diese Übung eignet sich genauso gut zur Wiederholung eines Themas. Die Teilnehmer schreiben dann auf die Papierstreifen, was sie von der Behandlung des Themas behalten haben. Diese Übungsmethode lässt sich auf jedes andere Thema übertragen. Durch den Weg entlang der Straße werden Informationen aufgenommen.

Ballspiel   (Freude bereiten)   1B/2B/3B

Material: Softball

Durchführung: Die Teilnehmer überlegen, welchen Mitmenschen sie eine Freude machen könnten. Die Teilnehmer sitzen einander in zwei gleich starken Gruppen gegenüber. Ein Teilnehmer aus Gruppe eins wirft einem Teilnehmer aus Gruppe zwei den Ball zu und stellt dazu die Frage: »Wie kannst du deiner Oma eine Freude bereiten?« Die Antwort könnte lauten: »Ich gehe am Sonntag mit ihr spazieren.«

   Danach wirft derjenige, der geantwortet hat, den Ball mit einer weiteren Frage einem Teilnehmer der anderen Gruppe zu usw. Kommt dem Befragten jedoch keine Antwort in den Sinn, wirft er den Ball einem Teilnehmer der eigenen Gruppe zu, der dann für ihn antworten soll.

Reisespiel (Noah) 1B/2B/3B

Material: Stühle (einen Stuhl weniger als Teilnehmer in der Gruppe sind)

Durchführung: Im Kreis werden Stühle aufgestellt. Die Teilnehmer setzen sich. Ein Teilnehmer bekommt keinen Stuhl; er ist Noah und steht in der Kreismitte. Den übrigen Teilnehmern werden Tiernamen zugeordnet, wobei immer zwei Gruppenmitglieder ein und denselben Tiernamen erhalten. Noah spricht: »Ich baue eine Arche und nehme mit...« Er nennt beliebig viele Tiere. Zunächst müssen noch alle Teilnehmer sitzen bleiben. Aber wenn Noah sagt: »Kommt in die Arche«, müssen sich alle genannten Tiere und Noah selbst auch einen neuen Sitzplatz suchen. Derjenige, der keinen Platz bekommen hat, wird Noah.

Wortneuschöpfungen (Begriffe der Bibel) 1B/2B/3B

Material: Papier und Stift für jeden Teilnehmer

Durchführung: Der Gruppenleiter gibt ein Wort aus der Bibel vor, z. B. Auferstehung. Die Teilnehmer sollen nun aus den Buchstaben des vorgegebenen Wortes neue Wörter bilden, die einen biblischen Bezug haben.

Beispiel:
AUFERSTEHUNG
Ufer, sehen, Gast, Haus, Fest, Ur, Heer, Taufe, gehen, Tag

Variante: Die Teilnehmer müssen innerhalb eines vorher festgelegten Zeitrahmens die Wörter finden. Für jedes gefundene Wort vergibt der Gruppenleiter einen Punkt.

Richtig oder Falsch   (biblische) Geschichten   1B/2B/3B

Material: Textvorlagen, Bibelausgaben, Papier, Stifte

Durchführung: Der Gruppenleiter hat einen Bibeltext in zwei Fassungen aufgeschrieben. Bei einem der Texte handelt es sich um die Originalfassung, beim anderen gibt es kleinere Abweichungen. Die Teilnehmer sollen herausfinden, was Original und was Fälschung ist.

Variante: Die Teilnehmer können auch selbst einen Bibeltext auswählen und das Original verändern.

Aller guten Dinge sind drei   (1.Korinther 13,13)   1B/2B/3B

Material: Papier, Stifte

Durchführung: Jeder Teilnehmer schreibt drei Dinge auf, die ihm besonders wichtig sind. Anschließend wird 1.Kor 13,13 gelesen. Jeder überlegt für sich, was das, was er aufgeschrieben hat, mit Glaube, Liebe und Hoffnung zu tun hat. Anschließend trägt er seine Erkenntnis den übrigen Gruppenmitgliedern vor.

Checkliste

Man ist bei der Vorbereitung einer Gruppenstunde. Eigentlich hat man für das geplante Thema auch schon eine Idee. Dennoch wünscht man sich noch etwas methodische Abwechslung, weil man nicht schon wieder nur einfach eine Geschichte erzählen und anschließend dazu ein Bild malen möchte. Jetzt kann die Checkliste helfen. Einfach Liste durchgehen und »checken«, ob sich etwas von den aufgeführten Ideen für die Behandlung des Themas anbieten könnte.

- Lückentext
  (mit oder ohne Vorgaben)
- Unterstreichen
- Rausschreiben
- Überschriften
  suchen/erraten/ verändern
- Text gliedern
- Zwischentitel finden
- Kreuzworträtsel
- Zuordnungsaufgaben
- Steckbriefe erstellen
- Interview
  durchführen/hören/bearbeiten
- Vergleich von Übersetzungen /
  Textvergleich
- Reporterspiel
- Schaubild erstellen
- Collage gestalten
- Texte verändern/
  umschreiben/ergänzen/
  fortschreiben
- Bildbetrachtung
- Dalli-Klick-Methode
- Symboldidaktische Betrachtung
- Bildvergleich
- Bilder kontrastieren
- Dias herstellen/Dia-Ton-Schau
- Bilder weitergestalten
- Museumsbesuch
- Fotos sortieren
- Arbeit mit der Bildkartei
- Plakate herstellen
- Ausstellungen organisieren/
  besuchen, z.B. zur Bibel
- Sprechzeichnen
- Filme/Videos anschauen
- Poster besprechen
- Kassetten
- Overhead-Folien (Klapptechnik)
- Schattenspiele
- Symbole gehen/erfahren/
  erleben
- Naturalmeditation
- Zeitleisten erstellen
- Wandfries/Geschichtsfries
- Wandkarten malen
- Spruchkarten gestalten/basteln
- Ideogramme malen

- Kerzen basteln
- Lernspiele herstellen
- Kalender basteln (Kirchenjahr)
- Buch herstellen
- Zeitungsausschnitte/
  thematische oder historische
  Zeitungen gestalten
- Stabzeitungen
- Torarolle
- (Kirchen–)Modelle basteln
- Faltmodelle
- Tonarbeiten
- Bildfolgen ordnen/malen/
  ergänzen
- Religion im Comic
- Religion als Filmstreifen
- Schattenkino
- Leporellos
- Gospels
- Karikaturen
- Lieder verändern/
  dichten/gestalten
- Schreibmeditation
- Kreatives Schreiben
- Schreibspiele
- Reisespiele, z. B. Reise durch
  die Klasse
- Pantomime
- Ratespiele
- (Brett–)Spiele herstellen
- Galgenmännchen
- Personenraten
- Der große Preis
- Montagsmaler
- Bibelquiz
- Quartette
- Papierspiralen
- Spruchbänder
- Fischespiel
- Puzzle
- Würfelspiele
- Bildwürfel
- Bildkarten
- Rollenspiele
- Interaktionsspiele
- Kommunikationsübungen
- Kennenlernspiele
- Bewegungsspiele
- Unterrichts oder Erkundungs-
  gang (»Religion unterwegs«)
- Gäste einladen
- Schulgottesdienst
  (mit-)gestalten
- Stilleübungen
- Meditationen
- Phantasiereisen
- Meditatives Schreiben
- Essmeditationen
- Schreibgespräch
- Cluster
- Freiarbeitsmaterial
- Tanz als Gebet
- Gebetswürfel
- Objektmeditation
- Anschauungsmittel
  mitbringen
- Bild–Text–Zuordnung
- Lebendiges Buchstabenrätsel
- Drehscheibe
- Schulgottesdienst
- Spruchrollen
- Mobile
- Wunschschachteln basteln
- Sammelaktionen

- Patenschaften
- Hilfsaktionen
- Teilnahme an Projekten/ Wettbewerben
- Zahlbilder
- Feiern gestalten
- Gedichte zum Thema besprechen, umschreiben, weiterschreiben
- Texte auf heutige Zeit übertragen
- Ausschneidebögen
- Fingerpuppen
- Stabpuppen
- Buchstabenketten
- Urkunden
- Sprechblasen
- Sandkasten, z. B. eine Stadt in Palästina
- Kurzandacht
- Gesprächskreis
- Farbwirkungen
- dadaistische Elemente
- Wege legen, gehen, erfahren
- Kartontheater
- Bilderbuch
- (bibl.) Lexikon
- Himmel und Hölle–Fragespiel
- Vertrauensspaziergang
- Stationenarbeit
- Freiarbeitskarteien selbst herstellen
- Theaterstücke
- Ich–Heft
- etwas herstellen, z. B. Papyrus kleben

- Prospekte (Kinder in der weiten Welt)
- Meinungsumfrage
- Passahfest, Sabbat nachspielen, Abendmahl feiern
- Bibliothek einrichten
- Biographien schreiben
- Assoziationsrad
- Bibeltexte drucken
- Bibelhefte herstellen
- Gebete selbst formulieren
- Mitwirkung bei Gemeindefesten
- Transparentbilder (z. B. Tod – Auferstehung)
- Spurenbilder
- Schöpfungsmodell
- Wechsellesen
- Streitgespräche führen
- Tabellen
- Tafeltext
- Wort weitergeben
- Liederheft zusammenstellen
- Dokumentation
- Pinnwand
- Fadenbilder kleben
- Wachs–Kratz–Bilder
- Dias anschauen oder herstellen
- Grußkette
- Tafelbild erstellen
- Schattenspiel mit OH–Projektor
- Geschichten erzählen zu Musik
- Musikmalen
- Berichte schreiben
- Rahmengeschichten
- Umweltgeschichten verfassen
- Fernsehansage
- Sensibilisierungsübungen

- Frage–Antwort–Ketten
- Textpuzzle
- Mehrfach–Wahlfragen
- Flüsterkette
- Spielszenen
- Religionstagebuch
- beschriftete Hände
- Hörspiel
- Bildbetrachtung
- Tanz
- Tafelskizzen
- Briefe schreiben
- Memory
- Spiellied
- Szenisches Spiel
- Kochen/Backen
- Brauchtum kennen lernen
- Skulpturen, Denkmäler aus Personen aufbauen
- Tagebuch zum Thema
- Gedicht verfassen
- sich zum Thema verkleiden
- Phantasiereisen zum Thema entwickeln und schreiben
- Thementische
- Minidramen
- Schattenspiele erarbeiten
- Identifikationen »ich bin...
- Folien für den OH–Projektor malen
- Rallyes veranstalten
- Feste feiern
- Schreibgespräche
- Werbeclips gestalten

Wenn Sie weitere Ideen und Anregungen für die Praxis in Familie,
Gruppe, Schule oder Gemeindearbeit suchen,
empfehlen wir Ihnen Teil 1 der Ideenkiste von Kerstin Kuppig:

Kerstin Kuppig
Ideenkiste Religion
Für Schule und Gemeinde
160 Seiten, Paperback
ISBN 3-451-26653-9

Erhältlich in jeder Buchhandlung!

VERLAG HERDER

Weitere Materialbücher mit vielfältigen Anregungen:

Manfred Becker-Huberti
Feiern – Feste – Jahreszeiten
Lebendige Bräuche im ganzen Jahr
480 Seiten mit über 100 Abbildungen, Pappband – ISBN 3-451-26035-2
Ein wahrer Schatz an überraschend Wissenswertem über Feste und Brauchtum, an herrlichen Geschichten, Gedichten und Legenden.

Barbara Cratzius
Ich schenke dir ein buntes Jahr
Geschichten und Gedichte, Gebete und Lieder
64 Seiten, farbig illustriert von Karin Schliehe, Pappband – ISBN 3-451-26774-8
Ein Mitmachbuch, aufgeteilt nach den vier Jahreszeiten mit einem reichhaltigen Fundus an neuen Ideen für Familie, Kindergarten, Schule und Gemeinde.

Petra Focke
Ein ganzes Kinder Kirchen Jahr
Ideen und Modelle für Gruppenarbeit in der Gemeinde
136 Seiten, Paperback – ISBN 3-451-27010-9
Dieses Praxisbuch ist voller Anregungen für ein buntes und spannendes KinderKirchenJahr. Die erfolgreich erprobten Modelle bieten eine klare Struktur und lassen viel Raum für Spontaneität und eigene Beiträge der Kinder.

Josef Griesbeck
77 meditative Impulse
Für Schule, Gottesdienst und Gemeinde
100 Seiten, Paperback – ISBN 3-451-26096-4
An Symbolen orientierte Kurzmeditationen, die Anregungen bieten, unseren täglichen Begegnungen, den Dingen und Geheimnissen der Welt auf den Grund zu gehen.

Erhältlich in jeder Buchhandlung!

VERLAG HERDER

Hans Albert Höntges
Wir Kinder sind in Gottes Hand
Neue Familien- und Kindergottesdienste
Ca. 128 Seiten, Paperback – ISBN 3-451-27050-1
Eine wertvolle Hilfe mit insgesamt 30 Vorschlägen für die Ausgestaltung
und Durchführung von Kinder- und Familiengottesdiensten mit »kindgerechten Elementen«.

Heriburg Laarmann
Bunt und schön ist unser Leben
Gottesdienste für Kinder und die ganze Pfarrgemeinde
192 Seiten, Paperback – ISBN 3-451-26888-4
25 praktische und praxiserprobte Modelle für Familiengottesdienste durch
das ganze Jahr. Themen sind wichtige Anlässe im Kirchenjahr (Advent,
Schulbeginn, Gemeindefeste etc.) und Gottesdienste mit thematischen
Schwerpunkten (Teilen, Vertrauen etc.).

Regina Törnig-Grohe (Hrsg.)
Gott ist los
Ökumenische Gottesdienste für Schülerinnen und Schüler
180 Seiten, Paperback – ISBN 3-451-26397-1
Ideenreiche Schulgottesdienste, die Jugendliche ansprechen, weil sie ihre
Themen und Probleme aufgreifen und behandeln.

Werner Kuchar
Du nervst, guter Gott!
Ökumenische Wortgottesdienste für Jugendliche
128 Seiten, Paperback – ISBN 3-451-26655-5
Neue und unverbrauchte Impulse für Gottesdienste, die ankommen: weil
die Jugendlichen selbst miteinbezogen sind bei der Planung und Durchführung; weil die Themen und Texte einen aktuellen Bezug zumLeben von
jungen Menschen haben.

VERLAG HERDER